日本法译丛

日本憲法学の系譜

日本宪法学的谱系

〔日〕长谷川正安 著

熊红芝 译

王勇 校订

日本憲法学の系譜

长谷川正安　著

根据 1993 年劲草书房版译出

NIHON KENPO-GAKU NO KEIFU
by HASEGAWA Masayasu
Copyright © 1993 HASEGAWA Ken
All rights reserved.
Originally published in Japan by KEISO SHOBO PUBLISHING CO., LTD., Tokyo.
Chinese (in simplified character only) translation rights arranged with
KEISO SHOBO PUBLISHING CO., LTD., Japan
through THE SAKAI AGENCY and THE COPYRIGHT AGENCY OF CHINA

日本法译丛

专家委员会

（以姓氏拼音为序）

柴裕红　韩君玲　罗　丽
孟祥沛　熊红芝　杨建顺

译 者 序

三年前于东京大学访学期间,机缘巧合接触到日本宪法学家长谷川正安教授所著《日本宪法学的谱系》(日文原名《日本憲法学の系譜》,1993 年劲草书房出版)一书,兴趣所至开始翻译此书。

自 1899 年明治宪法实施后,以穗积八束的宪法学研究为开端,日本宪法学的历史已经有 130 余年。以宪法解释学为代表,宪法学研究的专业化和社会科学化特征日益显著。整体分析这百余年的学说史沿革状况,有助于深化关于日本宪法和宪法学的认知,有助于推进我们对宪法学说史研究与宪法学研究之间关系的认识。

在日本宪法学界有一个共识,与百年宪法学历史不相称,学界始终缺乏对宪法学说通史的研究。在极为少见的作品中为大家所熟悉的始终是铃木安藏的《日本宪法学史研究》(1975 年)和长谷川正安的《日本宪法学的谱系》(1993 年)这两部典范性著作。

铃木安藏是日本马克思主义宪法学研究的代表性人物,其著作《日本宪法学史研究》被认为是日本宪法学史的典范之作。该书对宪法学说史的问题意识的形成影响极大。除了铃木安藏,历史学者家永三郎的宪法学史研究及法理学者长尾龙一对代表性学者的宪法学说和主要宪法性事件的论述也具有广泛的影响力。这些作品在宪法学史领域引证率很高,但因考察侧重点所限,它们都没有涉及在历史分期的同时寻找连贯线索这一任务,更没有对不同学说之间的内在异同变化进行观念史和知识社会学的考察。在这种状况下,《日本宪法学的谱系》一书的作者长谷川正安的系列研究便显得非常珍贵。

长谷川正安是铃木安藏之后,日本马克思主义宪法学研究的代表性人物

（美浓部达吉→田上穰治→长谷川正安）。①其作品具有两种不同层面的补白意义：一是贡献了一部通史性的学说史著作，二是开放了已经成为集体意识的"宪法学说史缺失"的思考方式。在少有的整体史研究中，长谷川正安多维度的阐释可以被视为连接两部宪法（1899年的"大日本帝国宪法"即"明治宪法"和1946年的"日本国宪法"即"昭和宪法"），贯通战前、战后宪法学研究的一个极为少见的卓越成果，并且在少有的宪法学说史研究作品中，其代表作《日本宪法学的谱系》一书具有难得的宽阔的历史视野。

重构长谷川正安在《日本宪法学的谱系》中的叙述逻辑并顺次补充其未提及的1960年代之后的宪法学历史，我们可以将日本宪法学说史分为萌芽、形成、重构、发展、挫折和再出发六个时期。

第一，萌芽时期。萌芽时期的宪法学关注的是日本宪法学产生的思想条件，包括外国思想的传入、本国启蒙思想萌芽，以及自由民权思想产生。1853年佩里黑船事件之后，反映西方政治制度与思想的著作开始翻译到日本。在宪法方面，主要集中于外国的宪法典、西方民主与自由理论、天赋人权等内容。这些作品逐渐影响了毫无相类氛围下的日本知识与政治精英，刺激了福泽谕吉（民权）、加藤弘之（国权）、明六社成员（议会政治与崇尚人权）等人更新和形成自身的观念，围绕"民选议院建议书"在朝野间的论争等事件形成了范围广泛而内容斑杂的自由民权运动。这些构成了日本宪法学产生的思想萌芽。尽管是碎片式的，甚至在当时和其后很长的一段时间里，这种思想条件都是非自觉的，但从事后反思的角度看，针对日本宪法学研究缺失历史性意识与批判性思维的检讨，确是要从这里开始，它们构成了日本宪法学说史的前史。这一时期汇集而成的，并成为法律与政治上的思想资源，表现出两个明显的倾向或特质，一个是问题来源于驱除外侮的现实需要，一个是议论者集中于知识和政治精英，这两点特征是日本宪法学长期具

---

① 与长谷川正安同期的马克思主义学者还有影山日出弥，他是铃木安藏的门生。影山日出弥在长谷川正安把宪法现象分为宪法意识、宪法规范、宪法制度和宪法关系四个要素的基础上，主张对上述要素置于一个整体的体系和视角内进行分析，宪法学被视为是对宪法诸现象的动态过程的历史科学分析。参见[日]高见胜利：《宫沢俊義の憲法学史の研究》，有斐阁2000年版，第40页。

有"官僚宪法学"色彩的缘起。

第二，形成时期。日本宪法学的形成以穗积八束宪法学的产生为标志。在穗积八束之前，深度参与明治宪法起草的伊藤博文等人的宪法思想也深刻影响了彼时人们的宪法认知，由其主要撰写的《宪法义解》一书的体系与明治宪法的体系基本相同，明确地表达了保持绝对主义国家本质的主张。

穗积八束是日本宪法学的创始人，作为反对民主学说的君主主权论者，他是明治时代最正统的宪法解释学者，对日本宪法学影响极大。穗积宪法学最大的特色是对国体和政体的严格区分，这一区分支配了相当长时间内的日本宪法学理论。在方法论上，穗积宪法学被铃木安藏界定为"历史法学派"。但这种"历史"既无"历史感"，也不同于萨维尼的历史法学论，穗积宪法学的历史前提是作为特殊论的明治国体（天皇制）以及支撑它的家族制度意识形态和神权政治思想。作为日本宪法学的第一个主流理论，穗积宪法学把"神学宪法学"和"官僚宪法学"融为一体，开创了学院派宪法学研究的典范。在这一时期，除了穗积八束，合川正道和市岛谦吉也是重要宪法学者。

第三，重构时期。重构时期日本宪法学的主要成绩是美浓部达吉登上舞台，其以德国公法理论和新康德主义为理论资源的"形而上学宪法学"取代了穗积宪法学。这一时期，在美浓部达吉和上杉慎吉之间发生了宪法学史上的著名论争。美浓部达吉是民主主义宪法学理论的开创者，上杉慎吉是穗积八束学说的继承者。

美浓部达吉批评上杉慎吉"以讲述国体为借口，一味鼓吹专制思想，压制国民的权利，要求其绝对的服从"，是"乔装改变的专制政治主张"，对国民教育极不合适。上杉慎吉则反驳美浓部达吉的天皇机关说是"关于国体的异说"。[①]美浓部达吉把国体从宪法学中去除，在作为明治宪法的解释论方面意味着形式上更趋合理化，但被认为具有抹杀天皇特质的缺陷。实际上，美浓部达吉认为主权问题属于政治学范畴，所以他将其从宪法学中去除。

---

① 实际上，在承认绝对主义天皇制这一问题上，穗积和美浓部本质上没有什么不同，他们都认可将天皇作为支配者的"国体"。不同者在于，穗积把国体看作宪法学的根本，而美浓部将国体从宪法学中排除了，这在明治宪法体系下是不可能成为正统的。

这实际上是为了搁置或回避国家权力的本质问题，这种做法引发了人们对美浓部达吉反天皇国体论的猜疑。

需要指出的是，上杉与美浓部的论争在宪法解释的方法论层面并不是极端对立的，在政治本质论层面两者也都拥护天皇制，不同在于上杉慎吉融合了穗积宪法学的"神学"特质和德国国家主义理论思想，形成了天皇主权论的实践主张，而美浓部达吉则师从耶利内克的德国公法学理论，倡导自由、民主的立宪理念和价值。在这段时间里，曾与岩仓—伊藤—井上的官僚性宪法思想交锋的自由民权性宪法思想虽然没有获得太大的发展，但受德国公法学的影响，有贺长雄、末冈精一、一木喜德郎等人的宪法学研究也参与了对穗积宪法学的批驳，加之大正时期（1912—1926）发生的两场护宪运动，都强化了新起的宪法学研究的实践特征。新式宪法学研究与日渐盛行的民主论遥相呼应，相互影响，推动了美浓部宪法学的影响力，比如，政治学家吉野作造在其民主论领域中对宪法的阐述就扩大了美浓部宪法学的影响。

第四，发展时期。发展时期以美浓部达吉与佐佐木惣一的宪法理论成为典范性学说为标志。第一次世界大战后，日本出兵西伯利亚失败，朝野两面对军部的批评日渐加剧，民主主义风潮逐渐风行，这为美浓部达吉等创造了战前未曾有过的治学新气氛，宪法拥护运动等也助推美浓部宪法学成为占据支配地位的学说。这时的美浓部宪法学虽不及历史较久的民法学和新生的法哲学那样耀眼，但却完成了宪法学体系性建构工作。此时，得益于资产阶级化的宪法政治要求对明治宪法做出更具资产阶级性质的解释，穗积—上杉派关于天皇即是国家、臣民绝对服从天皇等封建性解释已不符合时代要求，美浓部宪法学敏锐地回应了这个需要。

与美浓部达吉同期，京都大学的佐佐木惣一虽然没有直接受到纯粹法学的影响，但在宪法学研究上却有着强烈的概念法学色彩，是客观逻辑主义宪法学的代表。[1]在宪法解释方面，佐佐木惣一坚持极为严苛的形式逻辑，是客观主义解释论或文义解释的开创者。在理论层面，佐佐木宪法学超越

---

[1] 参见［日］田畑忍：《佐々木惣一博士の憲法学》，载《同志社法学》1961年第5期。

了上杉与美浓部关于国体的论争，但同时又是两者折中的产物。较之美浓部达吉，佐佐木宪法学的很多观点更趋于保守，二人的学说差异主要体现在国体、基本人权、臣民权利及宪法学方法论等方面，美浓部达吉是自由法派或民主派，而佐佐木惣一的理论特质则是概念法学派。就共同点而言，二人的宪法学展现出天皇制下君主立宪的一面，作为近代宪法学，这比穗积—上杉学说前进了一大步。

这一时期，涌现了一批受西方思想影响的宪法学者，如信奉凯尔森的鹈饲信成，翻译凯尔森著作但后期转向施密特理论的黑田觉，信奉马克思主义的铃木安藏等。此阶段，浅井清、清宫四郎、宫泽俊义等下一代学人的作品也开始出现。但由于政治局势的原因，宪法学的发展被突然中断，这就维持了美浓部宪法学以及佐佐木宪法学在学界的支配性地位，以纯粹法学和马克思主义法学为理论根基的社会科学性质的宪法学思想还没有获得理论对决的能力和机会。

第五，挫折时期。1935年日本发生"天皇机关说事件"，次年发生"二二六"事件，日本的宪法政治在维持明治宪法典不变的情况下发生剧变。美浓部宪法学被打入谷底，此前占据学界通说地位的天皇机关说和国家法人说成为"国禁"，这是一场由学术论争开始最终由政治介入并主宰的事件。事件发生后，彼时的宪法学者，或选择沉默或转向与之牵连较少的行政法研究，即使仍坚持宪法研究的学者也都被要求根据政治局势需要去研究。铃木安藏虽然对此曾做过批评，但也不得不以专注宪法史资料收集的方式隐匿其马克思主义立场。与此同时，基于纯粹法学理论的宪法学研究也由于其自由主义倾向在事实上被中断了研究。尽管如此，前述宪法解释和宪法学研究中的社会科学取向也表现得较为明显。另一方面，迎合局势要求，黑田觉、中野登美雄等学者则选择顺应政治需要推销其逢迎军国主义论调的宪法主张。到了战败前夕，学术性的宪法学研究事实上已经停止，国家权力变得赤裸且毫无顾忌，这种状况一直持续到日本战败。

第六，再出发时期。战后宪法学研究发展的70年，以战前既已确立主导地位的宫泽宪法学思想在战后的延续，以及芦部宪法学成为主流学说为主要表征。从学术传承上看,东大宪法学第三代学人芦部信喜、樋口阳一、小嶋和司、奥平康弘、杉原泰雄以及小林直树、佐藤功等人成为代表性人物,并完成了对其后一代如高桥和之、高见胜利、大石真、户波江二、长谷部恭男、毛利透、石川健治等人的衣钵传递。京大宪法学第三代学人佐藤幸治也矫正了其导师大石义雄的极端偏执的客观主义解释论。

整体上,如高见胜利所指出的,无论是理论论题还是方法论,昭和宪法体制下的日本宪法学都获得了多种被认知和表达的视角。[①]宪法学研究一方面继续坚持从"作为社会科学的宪法学"的方法论视角确定自身的理论基准,同时,芦部信喜的宪法诉讼论,以及有关国体论和立宪论等问题的系列争鸣也扭转了之前人们对宪法学仅限于观念启蒙和技术性宣传的印象。[②]

首先,宪法解释学依旧是战后宪法学的主流。基于宫泽宪法学关于宪法科学与宪法解释的区分,战后宪法学在一开始就确立了注重宪法解释学的基调。无论是文义解释还是论理解释,基于宪法规范的教义学研究始终占据宪法学中心位置,并且通过案例宪法学以及以主权、人权、议会、改宪、司法审查等为研究主题的部门宪法学得以拓展解释空间和效果。[③]

其次,方法论方面,"作为社会科学的宪法学"在凝聚理论基准共识的同时,也带来了分歧,甚至由此形成了对"什么是战后宪法学"的不同认识。这是因为"社会科学"名下的宪法学研究,既能够支持基于宪法事实认知而形成的科学性研究,也可以支持搁置政治和道德立场,以极端客观主义的文义解释为形式对宪法进行的研究,而这种立场的宪法研究常常与战后主流的基于护宪和科学的宪法学研究是冲突的,如果单纯就"社会科学"谈"作为社会科学的宪法学"而不追究其背后对宪法科学与宪法解释的思考,无异于穗

---

① 参见[日]高桥和之、高见胜利等:《戦後憲法学の70年を語る:高橋·高見憲法学との対話(1-1·第1回)研究の出発点、憲法学の方法論》,载《法律时报》(总第89卷)2017年第9期。
② [日]山口雄一:《戦後憲法学と憲法学史研究》,载《法律时报》2020年第3期,总第92卷。
③ 关于相关主题的部门宪法学研究状况,可参阅《法律时报》于2017—2018年分12期连载的《戦後憲法学の70年を語る:高橋·高見憲法学との対話》,以及该期刊在2018年发行的特刊《戦後日本憲法学70年の軌跡》。

积宪法学那样再度误置或"重编"宪法的现代政治属性。

以"作为社会科学的宪法学"为理论基准和方法论，战后第四代宪法学者推动宪法学专业化的努力更加洗练精致，宪法解释学、宪法诉讼论等研究表明了对宪法实践取向的关注。与此同时，与前述宪法学说史意识稀薄的成因相同，宪法学研究在观念启蒙和价值批判方面的力度和影响力有待提高。在日本修宪思潮涌动，"明文改宪"与"解释改宪"相互配合的背景下，如何超越传统宪法解释学的技术中立，在宪法实践中激活宪法规范背后的观念价值，仍旧是需要深入思考的问题。从这个角度看，长谷川正安的提示仍然具有启示意义：

"我深切感受到必须有人尽快整理出日本宪法学通史，希望此书能为通史的问世起到抛砖引玉的作用。PKO合作法在国会上通过所折射出来的对昭和宪法诸条款的恣意解读，以及配不上解读之名的超宪法的宪法论，每每读及，就痛感我们必须重新回顾明治维新以来130余年的日本宪法思想及宪法学的历史。想要重新探讨一下历史上是否曾经有过像现在这样轻视宪法存在的时代，探讨对其采取包容态度的国民的宪法意识是怎样的构成。"[①]

本书翻译，时作时辍，前后行将三年，仍感有待推敲之处颇多。翻译过程中大连海事大学王勇教授予以法学专业指点，江苏师范大学袁广泉副教授予以古文校对，大连海事大学研究生李昀书、江苏师范大学研究生张利萍、姜莎及本科生陈宏萍、邹妮娜等同学代为整理相关资料，助我良多，在此一并致谢。

本译著的出版得到了商务印书馆王兰萍主任的大力支持，责任编辑高媛博士为此付出了辛勤的劳动。谨在此表示真诚的谢意！

熊红芝
2021年2月

[①] [日]长谷川正安：《日本憲法学の系譜》，劲草书房1993年版，第26页。

目 录

关于日本宪法学史的思考(代序) ……………………………………（1）
    一、宪法学史研究及其现状 ………………………………………（1）
    二、宪法学史研究的课题 …………………………………………（7）
    三、战后的宪法学 …………………………………………………（14）

第一部　宪法学史

序章 …………………………………………………………………………（23）

第一章　宪法思想的先驱［明治维新至明治十四年(1868年前后—1881年)］………………………………………………………（33）
    第一节　外国宪法思想的引入 ……………………………………（33）
    第二节　启蒙性宪法思想 …………………………………………（41）
    第三节　自由民权性宪法思想 ……………………………………（46）

第二章　围绕宪法制定问题产生的宪法思想的对立［明治十四年至二十二年(1881—1889)］……………………………………（53）
    第一节　明治十四年政变和宪法思想 ……………………………（53）
    第二节　岩仓—伊藤—井上的宪法思想 …………………………（56）
    第三节　自由民权性宪法思想 ……………………………………（59）

第三章　日本宪法学的成立［明治二十二年至四十五年(1889—1912)］………………………………………………………（64）
    第一节　大日本帝国宪法的成立 …………………………………（64）
    第二节　伊藤博文《宪法义解》……………………………………（69）
    第三节　穗积八束的宪法学 ………………………………………（73）
        一、穗积宪法学的框架 …………………………………………（74）

二、国体论 ………………………………………………（ 77 ）
　　　三、政体论 ………………………………………………（ 79 ）
　　　四、宪法学方法论 ………………………………………（ 81 ）
第四章　日本宪法学的重整[明治四十五年至大正八年(1912—
　　　　1919)] ………………………………………………（ 85 ）
　第一节　上杉和美浓部论争 ……………………………………（ 85 ）
　第二节　美浓部宪法学的兴起 …………………………………（ 91 ）
　　　一、反穗积的宪法学 ……………………………………（ 91 ）
　　　二、初期的美浓部宪法学 ………………………………（ 93 ）
　　　三、宪法学方法论 ………………………………………（ 94 ）
　　　四、资本主义性质及其局限性 …………………………（ 95 ）
　　　五、上杉慎吉的宪法学 …………………………………（ 98 ）
　第三节　民主论与宪法学 ………………………………………（101）
第五章　日本宪法学的发展[大正九年至昭和十年(1920—
　　　　1935)] ………………………………………………（110）
　第一节　宪政的发展和宪法学 …………………………………（110）
　第二节　美浓部达吉和佐佐木惣一 ……………………………（114）
　　　一、总论 …………………………………………………（114）
　　　二、日本宪法的特色 ……………………………………（116）
　　　三、立宪主义 ……………………………………………（117）
　　　四、宪法学方法论 ………………………………………（121）
　　　五、总括 …………………………………………………（125）
　第三节　宪法学新倾向 …………………………………………（128）
第六章　日本宪法学的崩溃[昭和十年至二十年(1935—
　　　　1945)] ………………………………………………（132）
　第一节　天皇机关说事件与宪法学 ……………………………（132）
　第二节　宪法学的政治化 ………………………………………（135）
　第三节　国体论的流行和宪法学的崩溃 ………………………（138）

第二部　学说百年史·宪法(战前)

序章 ………………………………………………………………… (143)

第一章　明治宪法体制准备期(1868—1888)……………………… (145)
 一、宪法思想的引入和普及 …………………………………… (145)
 二、启蒙性宪法思想和自由民权 ……………………………… (147)
 三、明治十四年(1881年)政变前后的宪法构想 ……………… (150)
 四、明治宪法的制定 …………………………………………… (152)

第二章　明治宪法体制确立期(1889—1912)……………………… (155)
 一、明治宪法的成立和《宪法义解》…………………………… (155)
 二、日本宪法学的成立 ………………………………………… (158)

第三章　明治宪法体制重整期(1913—1931)……………………… (161)
 一、资本主义的发展和宪法学 ………………………………… (161)
 二、美浓部宪法学和民主主义论 ……………………………… (163)
 三、日本宪法学的发展 ………………………………………… (165)

第四章　明治宪法体制崩溃期(1931—1945)……………………… (167)
 一、科学性宪法学的登场 ……………………………………… (167)
 二、天皇机关说事件和宪法学 ………………………………… (168)
 三、宪法学的政治化和崩溃 …………………………………… (169)

结语 ………………………………………………………………… (172)

附　文献选集《宪法学说史》解说和简介 ……………………… (174)
 解说 ……………………………………………………………… (174)
  一、宪法学说史的萎靡不振 ………………………………… (174)
  二、本卷的结构和内容 ……………………………………… (177)
  三、关于外国的宪法学说 …………………………………… (182)
 简介 ……………………………………………………………… (185)
  第一章　通史 ………………………………………………… (185)
  第二章　理论 ………………………………………………… (188)
  第三章　学说 ………………………………………………… (191)

关于日本宪法学史的思考
（代序）

一、宪法学史研究及其现状

今年有机缘将旧文"宪法学史"上、中、下（分别刊载于《日本近代法发展史》丛书第6、7、9卷）辑为一本书。我在1959—1960年间发表了这几篇论文，随后，于1968年写了"学说百年史·宪法（战前）"（《法学家》第400号），1978年编著《宪法学说史》（《文献选集·日本国宪法》第16卷），独自承担了开篇的解说和各章的文献简介。

铃木安藏曾在《日本宪法学的诞生与发展》（1934）一书中痛斥日本宪法学史研究的不振，由此开启该领域研究的先河。尽管如此，这种萎靡状况一直持续到战后也未见改观。我在20世纪50年代末撰写"宪法学史"的时候，除了铃木战前的著作，别说通史，就连宪法学说的个别研究都鲜有耳闻。迟至60年代，方才出现对美浓部达吉、佐佐木惣一等人的宪法学说所进行的个案研究。但时至今日，这些学术积累仍没有能够产生新的"日本宪法学史"。

距我的"宪法学史"发表已过30余年，但至今仍没有新的通史出现。战后的时间跨度已逐渐接近自明治维新(1868)至战败(1945)的历史。明治宪法发布(1889)起至战败的56年的时间，已和昭和宪法的历史(1946—1992)几近相同。我之前撰写的"宪法学史"只涉及战前内容，如今再写的话，战后的宪法学无疑也应该包含进去。但如此一来，想要总结自明治维新以来的通史就变得相当困难。当然，困难的因素不仅仅在于作为研究对象的历史跨度过于冗长。

这里，我想讨论一下把我以前所撰写的仅以战前宪法学为研究对象的论文重新整合到一起是否有意义。

2 日本宪法学的谱系

我为什么要在 20 世纪 50 年代末撰写自明治维新至战败期间的宪法学史呢？直接原因在于，当时鹈饲信成、福岛正夫、川岛武宜、辻清明正在策划《日本近代法发展史》丛书，邀我负责其中宪法部分的撰写工作。之所以选择"宪法学史"，我有着自己的考虑。关于这一点，我在《战后的法学》（1968）中进行了如下叙述：

长谷川：记不清楚是什么时候了，曾经有过一个时期，有人抱怨说难以见到关于法学方面的整体性研究。

渡边（洋三）：那是安保斗争（1960）爆发前夕吧。

长谷川：那时我们有意一起做点共通性研究，由此我们选择了思想史，对吧？

渡边：难以否认，我们有意选择了研究历史问题……

长谷川：实际上，第二时期、第三时期的法社会学论争·法解释学论争的结果，就是大家都已知晓对方的主张，并议定各自回到自己的专业领域，通过具体的工作进行实证研究。自此，法学学者一起就法律进行整体性研究的现象就消失了。所以我们认为必须恢复学者共同探讨问题的氛围，否则将无以培育新人，所以才开始挖掘日本近代法的历史、法学的历史……

渡边：那套《日本近代法发展史》丛书的出版有很多背景。比如，为实现现代化目标而一直以批判视角分析非现代事物的传统法学研究，在非现代事物解体之后，对于如何继续推进研究显得无所适从。适逢经济学研究领域也是旧派思潮的影响力开始变得薄弱……现如今再去研究封建遗留制度，究竟有多少意义？如上这些疑问频出，整体上带动了社会科学发生了很大的变化。此前，针对法社会学的研究有很多批评的声音，认为法社会学只关注非现代事物因而并不可取，因为当时还遗留有很多传统的东西，所以对此种批评并没有什么实际的触动。但是，昭和三十年（1955）以后日本状况发生了很大的变化，大家才真正开始认真思考这个问题。在这种局面下，法学也有必要重新审视历史问题这一意识应运而生。所以，一方面，在某种意义上我认为近代法史的研究是具有积极意义的,但另一方面,正是因为逃避到历史研究中去,对现实的变化视而不见,也给人以学术研究一度后退的感觉。大家纷纷发牢骚说已搞不清楚现状究竟如何……。所以,即使是研究同一时期的历史,也需要对日本的法学现在究竟呈现什么样的水准进行重新认识。为了重新抓住现在的问题点,需要回顾思想史,因此我们一起做了这个研究设计。

　　长谷川:那时,《思想》和《法学研讨》都设置了"论争回顾"专栏,还是稍有成果的。但现在看来,在《日本近代法发展史》丛书的策划和组织过程中,并未充分考虑从事警察权和审判研究的戒能(通孝)等人的宝贵资源……(自第123页)

　　在此,有必要对这段于1968年进行的关于20世纪50年代末法学研究状况的回顾性对谈加以若干备注。

　　潮见俊隆编的《战后的法学》,其主要内容是关于天野和夫、乾昭三、潮见俊隆、片冈昇、富山康吉、长谷川、宫内裕、渡边洋三等人举行的座谈会"民主主义法学的回顾与展望",在书中将战后法学发展划分为五个时期,第一时期(1945—1948)是研究体制的重组,第二时期(1949—1952)法社会学论争,第三时期(1952—1955)法解释论争,第四时期(1956—1960)和第五时期(1960—)。因而,我们遭遇困境而不得不回顾历史,恰好就发生在这里所说的第四时期,即1960年安保斗争的前夕。

　　读上面引用的对话内容,可能会给大家一种错觉,认为《日本近代法发展史》的企划和法学界的动向都是由渡边和我两个人商量决定的,但事实上,毫无疑问当时三十多岁的我们不可能具备那样的能力。上文只是陈述了在当时的法学界、以年轻学者为中心且较为活跃的民法学会和法社会学会中打杂的我们二人的坦率感觉而已。总之,在参加了两次论争之后,我从第四个时期开始了"日本国宪法制定史论"的连载(《法律时报》第28卷第6号开始),发表了"大正时期的宪法论争""昭和时期的宪法论争"(《法学研讨》第6号、第7号)等论文,对宪法学的历史研究颇感兴趣。正是在此种时代背景和研究状况下,我总结了"宪法学史"。之所以将研究对象限定在战前,是因为当时无论哪个领域都没有把战后的历史作为历史性研究的对象。

翻阅此后的文献就会发现,对于宪法学史研究来说,1968 年是值得瞩目的一年,只因这一年恰巧是明治维新一百周年,此外也并无特别的学术意义。这一年,我在《法学家》第 400 号上发表"学说百年史·宪法(战前)",池田政章负责"宪法(战后)"部分。铃木安藏编著的以战前·战后宪法学史为中心的《日本的宪法学》和上文引用的《战后的法学》也是在 1968 年出版发行的。这些作品的集中出版固然离不开出版社经营策略的推动,不过三册书都把"战后"作为了历史研究的对象。战后史几乎占明治维新百年历史的四分之一,所以它以某种形式成为关注焦点也是必然的。

10 年之后的 1978 年,我编辑了文献选集《宪法学说史》,正是那一年福田内阁发表阁议决定"日美防卫合作指针"(指导准则)。这是为了与美国合作发动对苏联的全面战争而推行的指导准则。毋庸置疑,这是以枉顾安保条约的事前协议、宪法第九条、非核三原则等规定为"前提条件"的,是日美安保体制史上划时代的产物。我在收录了包括《宪法学说史》在内的《文献选集·日本国宪法》(共 16 卷)的"刊行寄语"(有仓辽吉、长谷川正安编著)中写道:

> 日本国宪法自实施以来已过去 30 年。如今,一个时代已经结束,另一个新的时代即将开始。

日本国宪法是在战败和被外国军队占领的非常政治状况下产生的,制定之后又经历了占领政策变化这一考验。即使在占领结束后,安保条约依然限制着日本的国家主权。1954—1955 年又迎来了第二次考验——改宪论。1960 年安保条约修定以后,随着日本经济的"高速增长",自卫队力量急剧强化,展开了第二次宪法修订的争论,这是第三次考验。随后进入 70 年代,迎来象征着"司法反动化"的战后第二个反动期。这一时期,表面上不触动宪法条文,实质上却要修改宪法的"解释改宪"成为日本政府及自民党的基本政策。1978 年的指导准则意在超越此界限。

战前的日本宪法学,无论研究对象还是研究方法都是单一的。大日本帝国宪法(明治宪法)的解释,可以说只用这一句话就可以概括。战后的日本宪法学,不仅研究对象大幅扩大,研究方法也变得多样化。不可否认,时至今日关于日本国宪法的解释仍是日本宪法学研究的一个重要组成部分,但是其研究对象已超出宪法典的范围,涉及到各种宪法意识、具体的宪法制度,研究方法也不仅限于法解释学方法,法社会学、比较法学、法史学等社会科学的研究方法被广泛运用。

我在上述"刊行寄语"中指出,日本宪法学和日本国宪法一样,在战后30年间经受住多次严峻考验,它所体现出来的多姿多彩,是战前所无法比拟的。同时我也指出,日本宪法学研究是以"社会科学研究方法"为基准的。《宪法学说史》的问世正是为了证实这两点,也是出于对"新的,另一个时代"的宪法学的期待。

回顾我在20世纪50年代、60年代,以及70年代关于日本宪法学史的研究,不禁要问,在90年代,在已经进入"新的,另一个时代"的今天,宪法学史研究到底意义何在?特别是将战前宪法学作为研究对象,其意义何在?

现在,参议院选举正在进行当中,其最大的争论点就是国会刚通过的PKO合作法的宪法问题。① 这个宪法问题并非传统意义上的执政党与在野党之间的对立,而是自民・公明・民社三党和社会・共产两党派阵营间的新的对立。并且如舆论调查所显示的,它已然成为将国民舆论明显一分为二的政治问题。

所谓PKO合作法的宪法问题,是指自卫队海外派兵的合宪性问题,当然,它的前提是自卫队的设置本身是否符合宪法。自卫队以"苏联的威胁"为理由,逐渐使"专守防卫"中的"自卫力"正当化。在"苏联的威胁"消除后

---

① PKO法案即《协助联合国维持和平活动法案》。在海湾战争中,日本自民党政府以向美国提供130亿美元"资助"的方式和代价实现了其鼓噪多时的自卫队走出国门的计划,为"二战"后日本首次向国外派兵。日本政府打着参加联合国"维和行动"的旗号,于1992年通过《协助联合国维持和平活动法案》,即PKO法案。为消除其他国家的顾虑,PKO法案规定日本在参与联合国的和平维持活动时遵循如下原则:(1)纠纷当事方同意停火;(2)纠纷当事方同意日本参加;(3)采取中立立场;(4)上述条件中任一不符合时,日本可以撤退;(5)自卫队队员只允许携带最低限度的武器。——译者注

的今天，自卫队不仅没有缩减，没有解散，反而以"国际贡献"为名，在海湾战争后向全世界发生纷争的地区派兵。国民舆论一分为二是必然的趋势。

自民党对海湾战争后的世界政治局势所采取的军事化回应，已大大超出了"解释改宪"的界限，正在逐渐成为超宪法的存在。自卫队的海外派兵正当化依据已经脱离了日本国宪法。他们肆意滥用国际法、联合国宪章、联合国安理会、国际贡献等各种名目。现在别说宪法第九条，就连宪法本身的存在理由都成了问题，宪法状况已到了如此异乎寻常的地步。更甚者，连颇有名望的宪法学者竟然出版了《守宪法而国家亡》这样的书！

自 1889 年（明治二十二年）日本首次制定宪法典以来，不仅宪法的主要条文，就连宪法本身被直接无视的政治状况在历史上也是存在过的，《日本近代法发展史》丛书称之为"法体制崩溃期（1932 年—战败）"。从近卫内阁的国家总动员法（1938·昭和十三年）到第二次近卫内阁的大政翼赞会①的发起（1940·昭和十五年），从解散全部政党到成立翼赞议会，再到最终建立东条内阁参加太平洋战争这段时期，明治宪法虽然名义上是存在的，但实质上则处于完全被无视的境地。

本应是立宪主义支柱的议会当时发生了什么状况？在众议院召开的国家总动员法审议委员会上，陆军省负责说明的某中佐对委员们大吼"闭嘴！"令世人目瞪口呆。没有政党的翼赞议会按照自己的如意算盘通过了"众议院议员任期一年延长法案"，不仅停止了全年的所有选举，而且没有经过法定的审议，恶意篡改并通过了国家总动员法、治安维持法等。

宪法学史研究不能忽略的是，国家总动员法规定了可以将议会的立法权（即使明治宪法里有明确的限制规定）全权委任于军部及其官僚，对此，虽然有政党出身的议员指责它是违反宪法的，但是竟没有一个宪法学者站出来说话。更过分的是，有的宪法学者竟然比作为提案者的政府还要高明地进行宪法解释论论证，企图让违反宪法的总动员法正当化。此时，因三年前

---

① 大政翼赞会，1940 年成立的一个极右政治团体，1945 年解散。所谓"翼赞"即辅佐天皇之意。1942 年 4 月众议院选举结束，成立了以众议院议员为中心的政治团体"翼赞政治会"，确立了其与政府及大政翼赞会的三位一体的翼赞政治体制。——译者注

的"天皇机关说事件"(1935·昭和十年),美浓部达吉事实上已被解职,其主要著作被禁止售卖,因此宪法学者们变得三缄其口。这虽然可以理解,但为了明哲保身连宪法理论都可以歪曲,则实在是令人难以接受。

再看此次国会审议 PKO 合作法,所幸没有再出现针对持异议的议员大吼"闭嘴!"的政府官员,而且,反对派政党的议员采取"蜗牛"战术,使得法案表决大大推迟,唤起了舆论的支持。更难能可贵的是,在全国性的参议院选举活动中,他们以刚通过的 PKO 合作法的违宪性为焦点进行选战活动。综合这些可以看出,和 60 年前相比,日本的议会政治还是进步了许多。只是,认为宪法典是"表面上"的方针,而"实质上"的政治是和宪法分离的,在这一点上,现在和 60 年前并无差别。

PKO 合作法的成立以及以它为争论焦点之一进行的参议院选举,对战后的宪法史来说无疑是个巨大的转折点,而且它会成为明治维新以后日本宪法史所经历过的几个大的转折点之一。对此,宪法学该如何认知,如何理论化?对日本的宪法学史来说这是一个重要节点。解决宪法学的这一重要问题的方法之一,就是研究战后宪法学史,重新探讨战前的宪法学史。当然,最为理想的是能够完成贯通战前和战后的日本宪法学史,这是当务之急。

二、宪法学史研究的课题

若想要尝试把自明治维新以来的日本宪法学史整理成通史,无论何人,都必须面对两大难题。其一,如何将明治宪法和昭和宪法这两部原理完全不同的战前宪法和战后宪法,以及以这两部宪法典为研究对象的宪法学作为通史贯穿起来。无论是日本宪法史还是宪法学史,总结此类理论性较强的宪法学通史往往困难更大。

我在撰写《昭和宪法史》(1961)时,在"前言"里曾就战前和战后的断裂与连续做了如下叙述:

> 我最初本打算做一个新旧宪法的功过对照表,时至今日仍觉得这不是一个错误的想法。通过究明旧宪法下的日本来发现新宪法的积极

意义,通过研究新宪法下的日本来挖掘旧宪法的本质,这是很重要的想法。战前和战后,旧宪法和新宪法,通过鲜明的对比使两者差异愈发凸显,这无疑是众人皆知的方法。但是,随着第二部(战后)编写的持续推进,我越来越强烈地感觉到,与其一味地对比,倒不如专注研究整个昭和时期的历史。

1960年,当时我不得不认真思考一个问题,那就是战前和战后,无论是宪法典还是法律都已彻底改头换面,但是在"宪法"领域,战前和战后共通的部分却极为明显,这究竟是为什么?把战前看成恶人,把战后看成善人,用战后一时流行的这种单纯的历史观来描述宪法历史是不可取的。三十年过后,时至今日,我仍坚持这一看法。至今仍没有贯通战前和战后的宪法学史出现,理由之一便在于此吧。那么,在日本,超越战前和战后,超越明治宪法和昭和宪法持续存在的"宪法"究竟是什么?如果不搞清这一点,即使"明治宪法史"或者"昭和宪法史"撰写成功,日本宪法史或者宪法学史也是不成立的。

第二个难点是,事实上,日本宪法学是从明治宪法解释学出发,如今作为昭和宪法解释学而存续的。如果宪法学是宪法典的解释学,那么不同原理的宪法典更替,相应地宪法学也须随之更替。同一个宪法学者针对原理完全不同的宪法典分别撰写的体系性释义,二者是不可能存在理论上的一贯性的。美浓部达吉、佐佐木惣一的战前、战后的宪法著作便是典型的例子。无论是明治宪法还是昭和宪法,均能用所给的宪法典进行系统解释的宪法学,那该是怎样的学问啊!此外,如果对不同的宪法学者分别撰写的明治宪法和昭和宪法的著作加以比较,从释义的技术水准层面比较孰高孰低是可以的,但是作为宪法学的研究著作加以比较恐怕就行不通了。

众所周知,战前的宪法学几乎始终是对明治宪法的解释,而战后宪法学也是以昭和宪法的解释为中心的,可以说宪法释义构成了学术界的主流。但是,和战前不同,宪法释义以外的宪法学研究在战后变得不再另类。作为战后法学的普遍特征,法社会学的兴起,以及比较法学、法史学、法哲学即法的一般理论等法解释学之外的研究也给宪法学带来了强烈的冲击。

在梳理日本宪法学史时，如何将战前的法典释义学和战后多样的非释义性宪法学贯穿起来？如果评价战前的释义宪法学有一定的标准，战后的又有另外的标准，若不设定超越这两个不同标准的另一个标准，就不可能梳理宪法学史。如果宪法学就是关于宪法典的释义，宪法典的更替就会阻碍宪法学史的形成。和战前不同，战后宪法学越是使用解释学以外的多样性方法，方法论的差异就越会阻碍宪法学史的形成。

1934年（昭和九年）铃木安藏开研究风气之先，1959年我撰写了战前的"宪法学史"，1968年池田政章把战后宪法学整理成"宪法问题学"，但迟至今日，日本宪法学史仍未形成。这绝不只是因为宪法学者对此漠不关心，实是因为日本的宪法和宪法学有着特殊的原因。

如果明知上述两大困难，却还本着总结战前·战后宪法学史的目的来重新思考战前"宪法学史"的话，就必须先要努力找到在战前已经出现的战后宪法学的萌芽。此处的"战后宪法学"指的是我在《法学论争史》(1976)中详细叙述的经历诸多论争的宪法学，我将其称为"作为社会科学的宪法学"，其内容自《宪法学方法》(1957年初版)以来我屡次提及。下面我试着边回忆其内容边考察战前宪法学中"作为社会科学的宪法学"的萌芽。

首先要讨论的问题是如何看待几乎构成战前宪法学全部内容的宪法典释义。"法的解释"是包含了解释者的价值判断在内的实践行为，战前的宫泽俊义以及战后"法的解释"论争已阐明了这一事实。剩下的问题是：如何让解决法律纷争的"法的解释"这一实践行为具有客观说服力？在此情况下，关于宪法现象的科学性认知将发挥怎样的作用？

我们以明治四十五年至大正二年(1912—1913)间发生的上杉·美浓部宪法论争为例加以考察。穗积八束·上杉慎吉与美浓部达吉的论争，所围绕的问题不是关于如何科学地看待当时日本国家的本质或者日本国民的基本人权。穗积·上杉的天皇主权说与美浓部的天皇机关说之间的对立，本质上是关于明治宪法解释上的根本性分歧。权力分立和议会主义更重视哪一方也被视为宪法解释问题。区分国体和政体的穗积·上杉学说和排除国体只论政体的美浓部学说之间的区别在于，对明治宪法中的国家组织的解释完全不同。从解释论的维度来比较两种宪法学,不能一概而论哪个更能清晰地表达立法者的意思,哪个没有逻辑矛盾、更加系统。笔者以为,作为明治宪法的解释论,穗积八束的天皇主权说、三权分立论、国体与政体的区别相较于美浓部达吉的天皇机关说、议会主义、政体一元论而言更合乎逻辑。

然而众所周知,美浓部的解释论力压穗积·上杉学说,历经"大正民主"时期,在宪法学界占据了统治地位。究其原因,我认为与穗积·上杉相比,美浓部的解释论对当时宪法实情的认识更为客观、科学。从英明的明治天皇到脑残的大正天皇,由藩阀官僚的超然内阁到平民的"政党内阁",从众议院的限制选举到普通选举,对这一系列的宪法政治的变化,美浓部都表现出积极肯定的态度,而穗积·上杉则持完全否定的态度。如此一来,两者便理所当然地在宪法解释的说服力上产生了极大的反差。对于宪法现象的科学性认识,这两种宪法学仅通过其理论前提体现了出来,而对所持的不同见解并没有公开阐述。我们必须从两种解释论中弄清构成其理论前提的有关内容,弄清与解释部分尚未剥离的有关现实认识的问题。

第二个课题是,战前是否存在称得上"作为社会科学的宪法学"。自"大正民主"时代开始的宪法学发展新趋势,既有鹈饲信成介绍的以凯尔森为代表的"维也纳学派"(《日本近代法发展史》丛书第7卷),又有以平野义太郎为鼻祖的"马克思主义法学"(该丛书第8卷)。对于凯尔森的纯粹法学,包括鹈饲信成本人在内,"当时的年轻学者中信奉者众多,令人吃惊"。宫泽俊义便是其中深受影响之人。而从把马克思主义历史唯物论最先运用到宪法研究的铃木安藏的业绩中也可见一斑。笔者认为脱胎于新康德派二元论的宫泽俊义,以及以历史唯物论为基础的铃木安藏这二人的宪法研究可谓是战前"作为社会科学的宪法学"的先驱。二人的成就中存在着贯通战前及战后两种宪法学于一体的理论。若要梳理日本宪法学史脉络,毫无疑问,关键在于首先研究这两位学者的学术成就。

关于宫泽俊义,有为悼念其业绩而编著的《宫泽宪法学全貌》一书(《法学家》1977年3月26日号),刊载了他的门生佐藤功、芦部信喜、小林直树等人对宫泽宪法学的分析。通篇阅读,便能了解宫泽宪法学的"全貌"。一般来说,弟子对师傅的评价总是虚高的,但这三人不愧是宫泽先生的门生,他们冷静又理性,评价都极为客观。三人一致认为宫泽当数日本宪法学界科学宪法学之先驱,他早在战后"法的解释"论争之前,便分析了与法的认识严格区分的解释的实践性问题,三人对此做出了很高的评价。

宫泽顺着"大正民主"时代宪法学的动向,从以洛克、孟德斯鸠为代表的西欧自由主义思想着手研究,这一点我是极力赞扬的。当时也许是受德国流派解释学的不良影响,日本的宪法学中并没有西欧那种已极为普遍的社会思想研究。

与宫泽门生们的评价不同,我认为宫泽的宪法学还是有不足之处的。宫泽遵循了新康德派的二元论,严加区分实然与应然、理论与实践。但是,据芦部所言,"两者首先是对立的关系,通过对立变成融合甚至归一的关系,这是先生一贯的立场"(《宫泽宪法学全貌》第 35 页)。假如确是如此,那么对立的双方融合在一起的转折点在哪里?这是问题所在。

若探讨此问题,可以参考此前我对关于"三菱树脂事件"的《宫泽意见书》所进行的严厉批判,针对的是宫泽先生所认可的宪法解释的实践性。从积极的方面说,我将宫泽评价为资产阶级自由主义、民主主义者。但是,我实在无法理解在"三菱树脂事件"中,对立双方一方为大企业而另一方为经考试录用的一个学生的情况下,宫泽为何一定要提供宪法解释论去偏袒本就占尽优势的大企业?对宫泽而言,所谓宪法解释的实践性,只不过是相对于宪法认识的理论性而言角度不同的一个概念而已,而不是大企业与被解雇者这样的关系到具体矛盾纷争的实践性。我认为这正是宫泽宪法学的"局限性"所在。不过如小林所反驳的(《宫泽宪法学全貌》第 25 页),把它看作宫泽宪法学的"崩溃现象"也许确实有点言论过激。但是,看到社会上具有权威地位的宪法学者为了保护大企业而提供自己的宪法论,而这位宪法学者恰恰正是受到民众高度评价并对其有所期待的宫泽先生,我是无法缄默不言的。民法学者来栖三郎提出的解释者的责任问题为战后"法的解释"争论提供了契机,在这件事情的处理上宫泽则完全缺少了解释者的责任。

想了解铃木安藏，固然直接读其战前、战后的诸多著作便可，但此处我想推荐《日本宪法科学的曙光》一书。此书于1978年作为"铃木安藏博士追悼论文集"出版，可谓铃木宪法学的入门书。在《日本宪法科学的曙光》的第二部中，金子胜、成嶋隆、浅井敦的"铃木宪法学•诞生与发展"一文，全力阐释了把历史唯物论作为研究方法的铃木宪法学的具体内容。

战前的铃木宪法学和宫泽宪法学虽说都是"作为社会科学的宪法学"的先驱，但二者的性质却是完全不同的。宫泽是典型的学院派，是东京大学法学院讲授宪法课程的帝国大学教授。而铃木则是从京都大学经济学院中途退学、最早的治安维持法事件"日本学生社会科学联合会事件"的被告人，一个与学院派毫不沾边的研究者。因此，铃木对宪法的关注始于马克思主义的国家论、政治理论，而非明治宪法的解释论。这一点只要看铃木当时的著作《宪法的历史性研究》(1933)、《日本宪政成立史》(同年)、《日本宪法学的诞生与发展》(1934)、《日本宪法史研究》(1935)、《比较宪法史》(1936)、《宪法解释资料》(同年)便可知晓。

铃木主要将明治宪法的历史、宪法学说作为研究对象，并没有直面法学特有的问题，即新康德学派的宫泽提出的严格区分事实认识与宪法解释的问题。铃木关注的是披着明治宪法典外衣的绝对主义天皇制的国家本质，以及探究这一国家本质的方法。在昭和初期，能够通用于经济学、政治学、法学、历史学等社会科学各领域的方法论只有历史唯物论。在当时，可以说社会科学和马克思主义几乎是同义语。铃木的宪法研究"作为社会科学的宪法学"发展起来是必然的结果，这一点也是学院派的日本宪法学所最欠缺的。

如果要重新探讨铃木宪法学，那么首先应该关注铃木的宪法史和宪法学说史的具体内容，以及对适用于这些内容的历史唯物论和法学方法论的评价。铃木的历史性研究主要涉及战前，至于学说史，正如战后的《日本宪法学史研究》(1975)收录的多篇论文所示，虽有"较长的中断"，但是横跨了战前和战后。针对美浓部达吉就铃木的研究内容所做的评价，家永三郎在《美浓部达吉的思想史研究》中进行了批判，本人也曾就佐佐木惣一的评价陈述了若干疑问。至于在宪法学内部的讨论，则是自影山日出弥去世后不久问世的《曙光》开始的。

对于铃木的马克思主义法学，其门生影山在《现代宪法学理论》（1967）、"科学的宪法学之诞生及终焉"（收录于1968年铃木安藏主编的《日本的宪法学》）、"宪法学和马克思主义"（收录于1976年《马克思主义法学讲座（1）》）中慎重而详细地进行了论述。

正如铃木本人所承认的，铃木宪法学横跨"日本宪法史""日本宪法学史""日本宪法论"三个领域，其中"日本宪法论"指的是宪法解释论，战前的铃木虽把宪法解释论作为宪法学史的研究对象，但是他并没有把明治宪法作为主体加以解释。因此，要想了解铃木的宪法解释，有必要查阅《宪法概论》（1953）、《日本国宪法概论》（1962）等关于战后昭和宪法解释的书籍。这就不禁让人想起佐佐木惣一的宪法解释方法，它与铃木所著的文章"严格的文理解释"以及"体系化逻辑化解释"有共鸣之处。成嶋曾提出铃木的"日本宪法论"究竟是宪法解释论还是现代宪政论的问题（《曙光》第210页），我认为弄清楚这一问题的关键就在于此。铃木没有严格区分宪法解释论和科学的宪法论，他是将二者统合在一起的。

新康德派的宫泽和坚持历史唯物论的马克思主义者铃木同被称为"作为社会科学的宪法学"的先驱，然而二人在战前几乎没有过任何交流。战后的宪法学不仅要继承和发展二人的成果，还必须考虑如何把这二人的截然不同的研究方法统合起来。

小林在《宫泽宪法学全貌》中极力主张宫泽"从马克思主义或者唯物史观正面切入的研究论文一篇也没有"，"学术见解让人惋惜"（第28页）。但是，在一场名为"缅怀宫泽俊义先生"的座谈会（《宫泽宪法学全貌》自第150页）上，石川吉右卫门的一席话颇引人关注。他说道："有一次课我记忆很深刻，那时铃木安藏先生的《宪法史》刚刚出版，宫泽老师在课上对此书大加赞扬，他说在如今这个社会，在这样的时代能写出这样的书实属不易。"那应该是在1943年或者1944年左右。

由铃木的《宪法学三十年》可知，1941—1942年铃木和宫泽曾共同出席伊东治正伯主持的宪法史研讨会。在此研讨会上，宫泽作了题为"关于枢密院议院草案审议"（1942年4月20日）的报告，随后铃木于1943年发表了论文"枢密院制度的创设及历史意义"。随着战争的加剧，他们二人都开始潜心于明治宪法的历史性研究。即便二人同席相遇，大概也不会切磋探讨宪法学的研究方法吧。只不过从石川的一席话中我们可以想象，二人之间其实是存在一定程度的相互理解的，无奈战争期间根本没有就此加以争论的学术自由。

三、战后的宪法学

1935年（昭和十年）的天皇机关说事件后，美浓部不仅失去了关于宪法的发言权，除了一般的顺应国家政策的宪法学之外，他失去了所有发表研究成果的自由。到1945年战败为止，其学术空白期刚好持续了10年。在此期间不仅没有新的宪法学诞生，更没有新的宪法研究者成长起来，这使得战前和战后间学问的断层愈来愈宽，沟壑愈来愈深。

虽然在宪法方面不能进行研究发表，但是在行政法方面情况却截然不同，这似乎不是美浓部达吉个人的问题。鹈饲信成在"学说百年史·行政法"（《法学家》第400号）中记述了从战前的美浓部行政法学开始，到继承美浓部衣钵的"战前战后的代表性行政法学者"田中二郎、柳濑良干，加上战后的雄川一郎、高柳信一以及许多年轻研究者的涌现，这一连贯的行政法学的发展过程。鹈饲本人是与田中、柳濑同处一个年代的精通美国法的宪法与行政法学者。宪法学和行政法学同被称作公法学，但为什么二者之间会出现如此天壤之别呢？这是宪法学史（行政法学史也同样）必须探明的一个课题。

战后开始之时美浓部达吉72岁，佐佐木惣一68岁，宫泽俊义46岁，铃木安藏41岁。而作为后学，在战后宪法研究阵营中崭露头角的我们刚20多岁。经历了十年的空白期，战后宪法学必须从特殊的现实国情出发，即依据波茨坦宣言日本被联合国占领，以及被占领下的新旧宪法典的交替更迭这一状况。但是，战前的宪法学者们根本不曾动过批判明治宪法下天皇制国家权力本质的念头,他们是不可能做到明确占领权力的实体、明确被占领下的宪法更替的宪法学意义的。

　　从战争结束、东久迩宫内阁的成立到新宪法的制定,再到新宪法的实施(1947年5月3日),这段动荡时期内,上文提到的四人作为宪法学者各自采取了不同的行动(关于美浓部的主张及行动,详见家永三郎所著《美浓部达吉的思想史研究》第5章"战败后的美浓部")。美浓部执着于明治宪法,反对在被占领的情况下火速制定新宪法。而佐佐木与美浓部正相反,他受在战争时期(1937年6月—1939年1月)出任首相、战后为了修改宪法成为内大臣府御用棋子、有严重战犯嫌疑的近卫文麿的委托,一门心思扑在当时看来毫无出头之日的新宪法草案的起草上。美浓部和佐佐木都是"大正民主"时代"立宪主义"的代表人物,这两位宪法学者的战后行为极端错误,是时代错误的产物。作为和当时的美浓部、佐佐木年纪相仿之人,我实在不想把原因归咎为他们的衰老,正是把战前的宪法学发展壮大的这二人亲手为战前宪法学拉下了帷幕。

　　美浓部看似学术生涯已到尽头,但针对其曾反对制定的昭和宪法,他又出版了《新宪法概论》(1947)和《日本国宪法原论》(1948)。美浓部去世后,宫泽对这两本书进行了补充修订。在贵族院投了反对票的佐佐木也完成昭和宪法的解释论《日本国宪法论》(1949)。对于性质完全不同的宪法典,美浓部、佐佐木用了相同的方法进行解释,针对他们二人战后的著作,真正意义上的批判至今尚未出现,一旦出现,势必会成为对战前的宪法释义学的决定性批判。

　　宫泽在战败的同时便与明治宪法诀别,开始参与币原内阁新宪法的制定。作为宪法问题调查委员会(松本委员会)的一员,虽然不能明确宫泽在后来被占领军否决的改正案的起草方面发挥了何种实质性的作用,但在对松本委员会而言性质完全不同的昭和宪法草案公布之后,宫泽成为贵族院议员(1946年6月19日),并参与了第九十届帝国议会的宪法审议。继而在昭和宪法公布、施行之后,作为东京大学国家学会的中流砥柱,宫泽专心致力于"新宪法的研究"及普及。

宫泽的"八月革命"学说从宪法学角度解释了战后新旧宪法的更替。关于"八月革命"学说，我已在《宪法现代史》（上卷，自第 7 页）中进行过批判，此处不再赘述。宫泽在战前和战后从未站在科学性宪法学立场上对耶利内克派的持国家法人说的美浓部宪法学进行过批判。对于天皇机关说事件后 10 年间他自身的宪法学，也从未做过学术回顾。新宪法制定以后，宫泽几乎没有回顾过去，一直在与新宪法同步前行。"八月革命"学说本是使明治宪法第 73 条所规定的新宪法的制定正当化的宪法学说，也是使宫泽的宪法性实践正当化的理论依据，但是战后的宫泽宪法学并没有把革命前和革命本身当作研究对象。

关于铃木安藏在战争期间的言行举止，《宪法学三十年》有非常详细的记述。铃木在书中进行了自我批判，指出《日本宪法史概说》(1941·昭和十六年) 和《宪法制定和罗斯勒》(1942·昭和十七年) "很明显史论含糊不清，存在着分析、表述上的错误"（《宪法学三十年》第 175 页）。此外，他还对 1941 年（昭和十六年）的《日本政治的基准》、次年的《政治文化的新理念》、1943 年（昭和十八年）的《政党论》等做出深刻反省："这种半吊子论著含有思考不彻底、存在理论性谬误等问题，其根本原因是我自身的政治世界观太脆弱。说得再明确一点，我甚至忘却了马克思主义的基本知识，不能用马克思主义理论进行正确理解和批判，犯了一个丧失灵魂的小资产阶级知识分子随着对现实的关注程度加深必然会犯的错误。"（第 180 页）和铃木同样陷入"大东亚共荣圈"妄想之中的还有矢部贞治、黑田觉、五十岚丰作、平野义太郎、神川彦松等人。

铃木在战败伊始便主张修改明治宪法，他加入了高野岩三郎、杉森孝次郎、森户辰男、室伏高信、岩渊辰雄的宪法研究会（1945 年 11 月 5 日初次集会）。该宪法研究会起草的"宪法草案要纲"（12 月 26 日）被认为是最为完整的民间宪法修正案，它给 GHQ 的宪法制定工作也带来了一定的影响。而起草此"宪法草案要纲"的核心人物正是铃木。

之后，为了使宪法研究会的宪法草案方针具体化，为了开展国民性宪法制定运动，铃木提出必须召开民主主义宪法制定会议。当然这是对于政府自上而下制定宪法这一做法的批判，是对通过人民战线由下而上开展制宪运动的积极推动。"我竭尽全力从事宪法运动，有求必应地在众多广播、报纸杂志上不断宣扬宪法修正论及其他主张，但对于执教、就任学会职务等皆断然拒绝(《宪法学三十年》第175页)。"不过铃木于1951年(昭和二十六年)秋开始在静冈大学讲授宪法，成为宪法学界的一员。

和美浓部、佐佐木不同，宫泽、铃木积极研究战后宪法的更替，昭和宪法一成立，他们就致力于新宪法的启蒙和普及。占领结束后，鸠山内阁"修改宪法"的势头渐强，他们为了维护宪法而摆开论阵。宫泽主要以松本委员会、贵族院、东大法学院等上层权力部门为后盾展开活动。与此相反，铃木则是通过宪法研究会、报纸、杂志等民间组织发表他的意见。两人虽采取的方式截然不同，但目标十分相近。

据我所知，新康德派的宫泽宪法学和历史唯物论的铃木宪法学在战后并没有围绕宪法学的研究方法进行过正面交锋。正如小林直树表达的不满一样，宫泽对马克思主义毫不关心，而我所知道的铃木对东大、京大的学院派宪法学十分友好，没有挑起争论的意思。这一点可从活跃在传媒界的铃木对于到大学从教感到犹豫中窥见一斑。

被称为战前"科学的宪法学"先驱的宫泽与铃木，经历战时一段很长的空白期，战后又忙于宪法性实践，最终没能留下与"作为社会科学的宪法学"之名相称的成果。但是他们二人皆留下了明治宪法时代没能完成的系统解释宪法典的著作。宫泽的《日本国宪法》(1955)和铃木的《日本国宪法概论》(1962)可谓宪法解释学方面的代表作。宫泽、铃木二人在四十多岁时迎来了战争结束，我们只要比较一下他们各自在战前和战后的成果，便能理解这"十年的空白期"给日本宪法学史带来了多少负面影响。我当然对于二人战前的成果给予更高的评价。如果把将同一日本宪法作为研究对象的美浓部、佐佐木的宪法解释与宫泽、铃木的宪法解释加以比较，会给出怎样的评价？因为从未有人做过这样的工作，故而此问题格外有趣。顺便提一句，将宫泽和铃木的解释书加以比较讨论，对日本宪法学史而言也是不可欠缺的一项工作。

战前的美浓部、佐佐木,跨越战前战后的宫泽、铃木,加上之后纯粹的战后宪法研究者们纷纷著书立说,严格意义上的战后宪法学终于形成,它是在与之前的宪法学完全不同的研究条件下孕育、成长的。对宪法学来说,战后最重大的事件就是宪法典从大日本帝国宪法到日本国宪法的演变,是和平社会背景下宪法研究者数量增加和国民主权下"学问自由"的保障。战前不曾有的宪法、行政法学者的学会公法学会于1948年成立。在这之前,代表战后法学新倾向的法社会学会于1947年创立。另外,聚集了包括法学者在内的广大社会科学、自然科学工作者的民主主义科学者协会在1946年成立。包括我在内,很多同年代的研究者都在战前不曾有的全新条件下开始了研究。

战后的宪法学研究没能在美浓部、佐佐木的宪法学研究基础上展开,也没能对宫泽的法意识形态批判或者铃木的历史唯物论下的"科学的宪法学"这些先驱者们的成就做出适当评价后展开。战后不管是老专家还是年轻学者,都不得不面对因战败及被占领而导致宪法典转变的现实。依据波茨坦宣言,在战胜国、联合国军的占领下制定新宪法,这在日本是首次,在世界上也绝无仅有。

战后宪法学没有把自己的出发点,即保障宪法学以自主性事实成为科学研究的对象。对于占领权力、从属于它的天皇及日本政府等迫使宪法典新旧交替的国家权力问题,没有从宪法学角度加以分析,而是从公布施行的日本国宪法开始研究的。从新宪法的条文出发对宪法加以解释者自不必说,主张和平主义、民主主义等战后政治指导理念也是新宪法原理的宪法学者颇多。如果是传统的宪法解释学,战前把明治宪法作为研究对象、战后把昭和宪法作为研究对象并不为奇,然而在战后一段时间内,虽以"作为社会科学的宪法学"为目标,但并不去探讨日本的国家权力和国民生活的实态,而是就和平的、民主的宪法论展开了考察。

池田在"学说百年史·宪法(战后)"中提及战后二十年宪法学界所关注之事:"把二十年按前十年、后十年加以划分,前十年是宪法解说、解释论时期,后十年是政治性宪法论时期。"如果这一界定正确的话,那么在进行了十年的新宪法的解说和启蒙普及之后,面对"宪法修正"论,战后宪法学为了维护新宪法而不得不开始政治性宪法论了。为了取得新发展,池田倡导回归宪法理论学,向宪法问题学靠拢。"宪法问题学这一术语较为生僻,它是在包括政治学、经济学、社会学,以及宗教学、民俗学、伦理学、人类学、比较思想论等精神文化学的基础上,在综合性科学范畴内探讨宪法问题的一门科学,是笔者为文明批判角度,即宪法理念论·宪法政策论而命名的。"(《法学家》400号第24页)

为了与政府的宪法问题调查会抗衡,民间诞生了宪法问题研究会(1958年),池田在其中担任"书记员"。他从学者们丰富多彩的研究会活动中获得启发,提出了"宪法问题学",这体现出战后宪法学研究课题的多样性。但是如果这些多样化的研究课题没有经过宪法学视角的统一考量,那么它们势必会扩散,最终难免变成个别化问题。

虽同样致力于研究战后宪法学,但杉原、奥平、樋口、影山、阿部的"宪法学的方法"研讨会(《法律时报》40卷11号·1968年)首先把战前的宪法学,尤其是美浓部、佐佐木、宫泽、铃木的宪法学当作素材,各自报告这些学者是如何看待"作为社会科学的宪法学"的。奥平关于美浓部的报告、樋口关于宫泽的报告、影山关于铃木的报告、阿部关于佐佐木的报告,揭示了学者们宪法学研究的本质,可以说是恰如其分的研究成果。杉原主持的该研讨会通过批判性地讨论战前、战时的宪法学,得以明确把战后宪法学作为研究对象的研究视点。作为纯粹的战后宪法学的具体例子他们只举了我和渡边洋三,如果时间充裕,无疑也会对战败时正值二十多岁、和我年龄相仿的宪法学者小林直树、芦部信喜、星野安三郎、小林孝辅等人的研究成果加以探讨。

我计划熟读包括自己在内的同年代战后宪法学者的研究成果,分析各研究之优缺点,把它作为一个章节放进宪法学史,但此工作至今未做。我们这一代人都已是古稀之年,和战败后不久的美浓部、佐佐木年龄相仿。而我之所以没能将只包含战前部分的旧论文"宪法学史"再扩充进战后部分进行全面改写,年龄问题也是其中一个原因。虽然我认为客观地分析包括自己在内的同代人的宪法学在方法上是行得通的,但不可否认实际上确实很难操作。何况，要正确理解上述研讨会的出席者、后辈宪法学者们的学术成果就更为困难。人们都是容易理解比自己简单的东西，难以理解比自己高深的，或是自己没有的东西。后辈们也已近花甲，宪法学者们长江后浪推前浪。如果今年1992年是推陈出新的一年，那么最能轻易撰写出贯穿战前战后日本宪法学史的学者现在又在哪里呢？

我不仅把以前的论文"宪法学史"上、中、下三卷汇编成一册并加上补充注释，还把"学说百年史·宪法（战前）"和文献选集《宪法学说史》的解说、文献简介合并后出版，是因为我深切感受到必须有人尽快整理出日本宪法学通史，希望此书能为通史的问世起到抛砖引玉的作用。每每想到PKO合作法在国会上通过所折射出来的对昭和宪法诸条款的恣意解读，以及配不上解读之名的超宪法的宪法论，就痛感我们必须重新回顾明治维新以来130余年的日本宪法思想及宪法学的历史。想要重新探讨一下历史上是否曾经有过像现在这样轻视宪法存在的时代，探讨对其采取包容态度的国民的宪法意识是怎样的构成。

第一部　憲法学史

序　　章

在1934年（昭和九年）发行的《日本宪法学的诞生与发展》中，作者铃木安藏曾对宪法学说史研究的衰败做出如下陈述：

> 在我们学术界迄今为止没有任何宪法学史著作。不仅是宪法学史，就连宪法制定史，直至不久前几乎都是无人问津的。
>
> 想来，要想完成一个科学的历史叙述，尤其是学说、思想史叙述，必须具备根本性批判的实践精神或者见解、方法论，用相关的方法论对资料加以综合取舍，方能达到一定程度的成熟。但是在我们学术界，无论称得上是科学建设灵魂的批判性实践精神、见解、方法论，还是作为历史叙述的根本条件之一的分析、综合能力，都没有充分发展起来。（该书第1页）

如上，铃木痛斥宪法学界学说史研究的萎靡不振，为了实现"希望可以为促进日本宪法学史的大成之作，完成学术界的一大课题（重在完成，不在于由谁来完成）多少助长些气势"的心愿，于1934年（昭和九年）推出此书。这一年正夹在泷川事件（1933·昭和八年）和天皇机关说事件（1935·昭和十年）当中，是学术自由状况急剧恶化之年。大概出于此缘故，该书中铃木的言论被认为很大程度上是"奴隶之言"，其学说史研究的倡议也几乎没有给当时的宪法学界带来任何影响。

然而，铃木所指出的日本宪法学界学说史研究的萎靡不振的确是不争的事实。在铃木的《日本宪法成立史》（1933·昭和八年）、《宪法的历史性研究》（同年）、《日本宪法学的诞生与发展》（1934·昭和九年）、《日本宪法史研究》（1935·昭和十年）等发表之前，宪法学说史自不必说，连宪法史的研究都几乎没有，甚至作为宪法学说史研究基础的个案研究也难以寻见。

当然，这样的个案研究并不是说完全没有。继《宪法及宪法史研究》

（1908・明治四十一年）之后美浓部花费大量精力介绍德国公法学，虽说其目的在于介绍论文的内容而不是学说本身的研究，但这对宪法学说史的研究过程来说有着不容忽视的意义。这不只是为了德国宪法学说史研究，想想明治宪法制定前后开始的德国公法学给日本宪法学带来的巨大影响，便可知它对日本宪法学说史研究而言有着多么重大的意义。美浓部的宪法学说无论质还是量均占据了日本宪法学说史的绝大部分。不仅如此，他的研究及介绍也被普遍认为间接地为学说史研究做出了巨大贡献。但是，美浓部本人对学说史本身几乎没有直接关注过，对抽象的"理论"很少关注也是美浓部学说的一个特点。

作为自诩的日本宪法学界宪法学史研究的"先驱"，我希望大家关注宫泽俊义的"大陆英国宪法研究的先驱"（《国家学会杂志》第41卷6、8、10号，1927・昭和二年）。这篇论文分析了作为"英国宪法最初的科学的观察者"的孟德斯鸠的英国宪法论，以及他的后继者德洛姆的英国宪法论，其分析对象及方法都值得关注。要写近代宪法学说，毋庸置疑无论谁都得从英国的约翰・洛克（宫泽写过论文"反抗权史上的洛克"，发表在《我等》第7卷2号，1925・大正十四年）或者法国的孟德斯鸠的国家、宪法观开始叙述。现在世界上很多国家的宪法中所载的权力分立论也好，基本人权思想也罢，其理论均源于洛克的《政府论》（1702）或孟德斯鸠的《论法的精神》（1748）。如果写英国的宪法学说史，那么肯定要在第一章、第二章大篇幅地介绍宫泽所提到的孟德斯鸠、德洛姆两位学者。作为英国人，十八世纪的布莱克斯通、边沁，十九世纪初的约翰・斯图尔特・穆勒等人虽然不是宪法学元老，但他们皆留有众多著作。若论宪法学元老，十九世纪后半期的白芝浩、戴雪、詹宁斯，及现如今二十世纪也有诸多学者涌现。探讨作为他们思想源头的孟德斯鸠、德洛姆两位学者的观点，是开始宪法学说史研究的第一步，是完全正统的做法，但是对于从来没有尝试过此方法的日本宪法学界而言，可以说是非凡的着眼点。

引人关注的是他们所采取的方法不是仅仅把各学说当作理论体系，顺着它的脉络去寻找各学说间的相似性，而是把孟德斯鸠的英国宪法观和现实中的英国宪法加以对比,从孟德斯鸠的政治理想出发,分析他对英国宪法现状的"误解"。只是稍有缺憾的是,他们没有对构成孟德斯鸠学说根基的法国旧制度的实际状况进行分析,对德洛姆也仅停留在对其学说的介绍层面。学者译介外国宪法制度的方法、发展中国家继承发达国家宪法理论的方法是比较宪法思想史研究感兴趣的问题,是探讨作为落后国的日本宪法学说史时必须时刻考虑的根本问题。并且,最重要的是分析该学者的理论根基,以及此根基是如何反映在学者意识之中的。若是宫泽的论文中加入对孟德斯鸠学说根基部分的分析,想必会更加大放异彩。宫泽的研究虽然有缺陷,但是作为宪法学说史研究的先驱,他做出了引人瞩目的成就。不过令人遗憾的是,宫泽本人没有进一步拓展他的研究,其成果也无人继承,导致他的业绩就此中断。因此,宫泽的研究没能成为日本宪法学说史研究的催化剂。

正如前面引用部分所述,铃木在1934年指责学说史研究萎靡不振,原因是缺少"可谓科学建设之魂的批判性实践性精神、见解、方法论"。之所以可以这么言之凿凿,不是因为他本人完成了宪法学说史研究,或者说他在宪法学说史领域取得了相当大的成就而有的自信,而是由于他掌握了"科学建设之魂"的方法,并具有将其运用到实践中的觉悟。直截了当地说,对铃木而言,"科学建设之魂"就是历史唯物论。站在历史唯物论的立场,铃木做到了科学地把握宪法学说和宪法制度的关系以及上层建筑和经济基础的关系,能够从历史层面清楚地洞察把握宪法学说和宪法。其成果暂且不论(我是给予极高评价的),在日本的宪法学界,对宪法学说不再仅从法律论或者仅从政治论角度加以研究,而是用历史唯物论的方法从历史角度加以分析,这一事实就值得大家进一步关注。宪法学与社会科学少有交叉,碰巧与马克思主义有了交叉,然而不幸的是马克思主义随后迎来黑暗时代,抹杀了宪法学和社会科学结合的可能。铃木的学术努力在孤立无援、无人承袭的情况下迎来了战败之日。

时至今日(1959·昭和三十四年),铃木所指责的宪法学界的缺陷和宪法学说史研究的萎靡不振问题仍未解决。然而以战败之日为分水岭,战后宪法学说史研究的客观条件得到快速改善,甚至于再过不久说不定宪法学说史不振的原因会被归结于学者的懒散无为也未可知。得到改善的是下述内容:

昭和初期和战败后第十五年的今天,历史的发展在量与质上都有着很大的变化。铃木提出宪法学说史研究的 1934 年(昭和九年),从明治维新算起约 70 年,从明治宪法的制定(1889·明治二十二年)算起也已过了将近半个世纪,至此为止,日本宪法学者的宪法论除去对欧美宪法学说的直接介绍外,历史性发展少之又少。比如铃木认为穗积八束的宪法学说代表着日本宪法学的诞生,美浓部达吉的宪法学说代表着日本宪法学的发展(这样的理解是正确的),这两个学说的对立基本上从明治三十年代延续到昭和十几年。从明治末期到大正初期,把公法学界一分为二的上杉·美浓部论争确立了美浓部学说在大正时期的统治地位,看似它是宪法学说的一次历史性发展,但这场论争最后却不了了之。随后,以 1935 年(昭和十年)的天皇机关说事件为分水岭,这两个学说地位颠倒,主张天皇是国家机关的美浓部学说成了国禁,主张天皇即是国家的穗积·上杉学说再次获得广大读者的拥护。不管从何种意义上来说,这次更替都没有使宪法理论取得任何历史性的进步(当然,取代美浓部学说的不仅是穗积·上杉学说,此处只谈该学说)。不难想象,卷入这场漩涡的当事者们很难历史性地看待这次更替,唯有置身事外不属于宪法学界的铃木才做到了客观看待这次变化。

如今,穗积·上杉学说自不必说,美浓部学说也完全成了历史。这不仅因为自 1934 年(昭和九年)至今为止的 20 多年间新学说不断涌现,还因为明治宪法的废止和新宪法的制定,推进学界从全新的观点来重新审视这两个学说。也就是说,战败后,战前关于"国体""天皇"等方面的许多禁忌被打破,可以自由讨论可谓是宪法学关键的国家权力本质论。虽说在一般意义上明治宪法下的穗积·上杉学说被认为是封建性质的,美浓部学说是资本主义性质的,但现在看来,在没能指出天皇制的绝对主义本质问题、没能对此本质进行抨击这一点上,两学说的性质是相同的。也就是说,对于绝对主义天皇制,穗积学说是从其封建侧面、美浓部学说是从其资本主义侧面进行的解释。天皇制在两个不同时代发生了相应的变化，而穗积学说和美浓部学说不过是顺应变化，在天皇制这个大框架内调整了分析侧重点而已。战后，连天皇制本身都已能够加以科学性探讨，对于美浓部学说自然也可以正确分析其进步性及局限性。这一局面的形成已有十余载。

如上所述，在自明治时期开始的宪法学的历史长河中，昭和初期和现在相比，无论量还是质都变得极为不同。正如宪法学说史的研究对象有了显著变化一样，研究方法也急剧变化，或者说一直在发生着变化。当然，目前研究方法的变化要小于研究对象的变化。

战前的宪法学——也可以说整个法律学——几乎没有作为社会科学的觉悟，因此被其他社会科学领域所孤立。无论穗积八束还是美浓部达吉皆是如此，佐佐木惣一就更为极端。他们的宪法学是宪法典学，没有把发生历史性变化的宪法现象作为对象加以研究从而形成宪法理论，故而虽然他们的学术创作生涯很长，但是学问内容却是停滞不前的，有的只是一味的重复。正因为他们自身没有历史，故而也没有产生从历史角度分析宪法学的旨趣。相比之下美浓部这样的缺陷较少，但是他的现实分析也不过是些片段式的评论类文章而已。

曾在昭和初期的公法学界风靡一时的凯尔森的"纯粹法学"也让法学孤立于其他社会科学领域，加速了法学历史性特质的丧失。当时在公法学界得到清宫四郎、黑田觉、柳濑良干、横田喜三郎等信奉者强有力支持的这种非历史性的倾向，在抵抗不断加剧的法西斯化方面发挥了作用，但是在推进学说史研究等方面也自然没有形成任何助力。

1935年（昭和十年）左右，极端非政治性的宪法学新趋势被极端政治性的宪法学取代，对此我将在后面几个章节中分别叙述。沿着耶利内克、凯尔森、施米特和德国宪法学理论一路走来的战前日本宪法学，在经历战败、非德国性宪法的制定、占领初期数年间学术性闭关锁国的状态后，必须根据日本宪法的实情开始用自己的头脑构思宪法学蓝图。

战后的宪法学实证性倾向明显加强，与政治学、社会学等学科的联系加深，在新宪法制定中及实施后宪法现象激变的过程中，学者开始深切感受到历史性研究的必要性。"作为社会科学的宪法学"（小林孝辅有同名著作）这一说法逐渐成为年轻宪法学者的共同语言。学者能够自由发表言论，任何关于研究方法的讨论都不再是"奴隶之言"①。能够将宫泽创造的宪法学说史研究的契机，以及铃木在日本宪法学说史研究方面所取得的成就加以继承发展的基础，目前正在逐步形成。

最后，我打算阐述研究宪法学史的必要性，借此结束序章。

首先，从学界内部视角来看，为反省和推进近年来关于宪法学方法论的研究，有必要探讨日本宪法学的历史，从中吸取教训。对宪法学研究方法加以探讨，能够清楚地发现宪法意识形态（意识、思想、学说等）、宪法规范（宪法典、案例、惯例）、宪法制度（国会、内阁、法院等）中关于意识形态部分的研究非常欠缺，借此也可以促进关于学说的研究（无论历史层面还是理论层面）。

其次，学术以外的立场突显了从意识形态层面研究宪法的必要性。这是因为战后首次出现了宪法不仅由国家权力决定，还随国民意识动向变化而改变的政治现象。现在正面临着宪法修正的问题，对这一问题最终起决定作用的是国民投票时的国民宪法意识。在他们的宪法意识中，尤其保守的部分还是明治宪法以来的意识。宪法理论·宪法学应以国民的宪法意识为基础，将国民宪法意识理论化，指明宪法意识的方向。从这一点来说，研究宪法学说史有助于追寻现在的国民宪法意识形态的源头，揭示现存形态的原因，有助于思考改善的方法。说得更概括一点，就是可以弄清楚日本人对宪法的看法，这对了解现在宪法问题的动向有着极为重要的意义。

补充注释：50年代末我开始构思凝练本书内容、撰写序章。从1945年到1952年，虽然历时七年的占领终于结束，然而声称对占领的"重新评价"、有严重违反宪法之嫌的"恶法"的制定却仍在继续，"宪法修正"和"宪法拥护"的冲突变得愈发尖锐。

我们把在1946年11月3日公布、1947年5月3日实施的日本国宪法

---

① 长谷川正安：《宪法学方法》，1956·昭和三十一年。

叫做新宪法,但是此宪法在"新"字还没消失之前就已经面临着被政府、执政党扼杀的危机。鸠山内阁(1954—1956)支配下展开的"宪法修正"论把天皇的元首化、出于自卫的再军备、通过"公共福利"实行的人权限制作为三大支柱,看上去是对明治宪法的"复活"尝试。

50年代,不仅保守派政治家,包括支持他们的国民的意识中也还大量残留着明治宪法下的旧意识,即使是主张拥护宪法的革新政党和其支持者,也没有完全抹去明治宪法下有关天皇制、军队、人权的旧意识。对于战后第一代、处于相对能较客观地看待旧意识条件下的年轻宪法研究者来说,要克服旧意识,最重要的是首先必须搞清楚旧意识的实际情况。

在50年代以朝鲜战争为开端、以"安保改定"收尾的反动时期内,为了能克服旧意识取得进步,想要重新回顾过去(战前)的不止我一人。当时,鹈饲信成、福岛正夫、川岛武宜、辻清明作为责任编辑的《日本近代法发展史》丛书(劲草书房)正在策划,我担任其中的"宪法学史"部分,主要写从明治维新(1868)到战败(1945)期间的宪法学通史。

我在东京商科大学读本科时参加了田上穰治教授的课堂讨论,聆听过教授的宪法讲授。那是1942—1943年的事,当时正处于明治宪法的统治下。因为知道田上教授与鹈饲信成、柳濑良干同为美浓部达吉的门生,我想方设法弄到了当时已被禁售的美浓部的《宪法撮要》《逐条宪法精义》来阅读。当时作为大学生即将入伍出征,我却在与这截然不同的学术氛围下,一边回想学生时代接触过的宪法学说,一边对明治宪法下的学说进行重新探讨,想要摸索出先于这些学说的宪法思想,这是非常有意思的事情。但对于在宪法学史方面没有充分学术积累的我而言,也是负担过于沉重的初次尝试。

我充分利用开拓未研究领域的先机,尝试大胆地描绘从明治维新到战败期间的宪法思想·宪法学说的历史梗概。虽然我执笔写这篇序章时已是战后多年,但这些年不受外界影响自由学到的知识无疑构成了我撰写宪法学史梗概的前提基础。为了帮助大家理解本书,我把此"前提"简单总结为如下三点。

第一点是对约翰·洛克、爱尔维修、边沁及之后的西欧民主主义法学思想的关注。"爱尔维修及边沁——十八世纪法律思想史的一个断面"(《理论》第 2 卷 6 号,1948 年)、"约翰·洛克《政府论》(第二部)分析"(《理论》第 3 卷 1 号,1949 年)、以卢梭为分析对象的"法国团结权的历史"(《末弘花甲纪念论文集》1950 年)、"杰里米·边沁和法律"(《法律时报》第 24 卷 5 号,1952 年)、"纪念孟德斯鸠逝世二百周年"(《思想》第 378 号,1955 年)等等都是当时的论文。

光荣革命时期的政治与法律思想家洛克是日本国宪法所采用的民主主义思想的根源。它经由十八世纪法国启蒙思想特别是唯物论者的爱尔维修、再由边沁发展下来,我对此思潮有着浓厚兴趣。战前宪法学者的研究,我较为关注宫泽俊义初期的思想史研究。在战前就坚信十七、十八世纪西欧市民革命期的政治、法律思想才是民主主义思想主流的只有宫泽一人,由此我对其评价极高。我在战后学习了宫泽所研究的同时期的西欧政治、法律思想之后清楚了这个事实。

从这个视角看来,我们只能说战前日本对于民主主义思想的理解是极其反常的。明治维新以来,尤其是自由民权运动高涨的 1874 年(明治七年)至 1884 年(明治十七年)前后,很多西欧、北美的民主主义思想被介绍到日本,很多古典著作被翻译成日语。但是,唯独为美利坚合众国的独立及法国大革命作了思想上的准备、熟稔十八世纪启蒙思想家们所有作品的约翰·洛克无人提及,他的代表作《政府论》也没有被译成日语。这本身就是值得研究的问题,越过这个问题便不能分析战前的宪法学史。换句话说,不究明世界宪法史的主流,就无法看清战前日本宪法史及宪法学史的扭曲。

第二点是马克思主义法学和宪法学史的关系。正如序论开头所引,铃木安藏批判日本宪法学史研究的不振,自己开研究之先河,其方法论便是历史唯物论。

法社会学论争可谓是战后最先开始的真正的法学争论,在这次论争中我站在马克思主义的立场写了"马克思主义法学和法社会学"(《法律文化》第 4 卷 12 号,1949 年)。战争期间,我埋头苦读学生时代没能阅读的马克思、恩格斯、列宁的众多作品,尝试着基于历史唯物论来分析日本法的现状,同时也开始了宪法史研究,于1952年撰写了《马克思主义法学入门》,于1953年完成法学理论篇《法国革命和宪法》。

为了使宪法学不仅限于对宪法典的解释,而是成为社会科学的一个领域,我认为应该把历史唯物论作为宪法学的研究方法,这也是我关注战前铃木的宪法史、宪法学史研究的原因。只不过以平野义太郎为代表的民法学者成了日本马克思主义法学的中心,战前学术界中没有称得上是马克思主义法学的宪法学者。铃木原本不被看作是宪法学者,而是被作为明治宪政史或自由民权研究的历史学家来看待的。

第三点是如1957年的岩波新书《日本的宪法》所总结的关于新宪法的研究。同许多宪法学者一样,我不把在被占领的情形下制定的日本国宪法看成是一部没有矛盾的、成体系的法典。法律之下平等的国民和世袭的天皇不可能毫无矛盾地共同存在于一部宪法典中,也不能全面认同把明治宪法和新宪法看成是单纯的对立关系。越是想要写实性地剖析新宪法的诸多内在矛盾,就越是强烈地感受到追溯到战前、了解明治宪法实态的必要性。

我当时的实际感受是不了解明治宪法统治下的宪法学说以及明治宪法之前的宪法思想,就不能科学地研究新宪法。幸运的是我不仅在学生时代读过明治宪法的注解,也通过军队生活对构成明治宪法本质的绝对主义天皇制有了切身体验。

从1959年我的"宪法学史"发表至今(1993年),已经有30多年的岁月流逝,很多关于日本宪法学史研究的新成果已公开发表。明治宪法从颁布到废止共经历58年的历史,而昭和宪法的颁布已迈入了第47个年头,在时间跨度上已与明治宪法相差无几。就宪法学来说,战后的学者数远多于战前,故而研究成果数量也大大超出战前。

50年代,战前的宪法学者正活跃在第一线,而战后宪法学史才刚刚起步。我当时以战后宪法学史为基点回顾了战前的宪法学史。但是如今,虽说是同样把战前当作研究对象,却不能只讨论战前而无视包括我们自身在内的战后宪法学历史。

比如,为了整体把握战前宪法学史的关键人物美浓部的宪法学,就必须了解日本国宪法制定时美浓部的言行,也有必要重新探讨他关于日本国宪法的著作。关于佐佐木惣一也是如此。还有,如果不研究战后宪法学史,就无从知晓为战前宪法学增添了科学性色彩的铃木安藏和宫泽俊义,在维系战前与战后宪法学上起到了举足轻重的作用。

但是,现在的我既没有能力归纳战后宪法学史,也没有精力全面重写战前的"宪法学史"。我所能做的是尽可能地把以前的论文原封不动地重新收录,将有问题的部分尽可能地补加注释。旧论文执笔以后的新的研究,则尽量介绍其内容,希冀能对今后的研究有所帮助。期盼能有新人出现,撰写出称得上"作为社会科学的宪法学"的宪法学史。

第一章　宪法思想的先驱

[明治维新至明治十四年(1868年前后—1881年)]

第一节　外国宪法思想的引入

近代宪法制度的确立是通过多部宪法来实现的,最早的是英国17世纪的英国革命·光荣革命,其次是18世纪末美利坚合众国独立后于1787年颁布美国宪法,然后是法国的君主立宪制(1791)、共和制(1793)、帝制(1804)。拿破仑将法国大革命的成果归功于自己并向外进军扩张,欧洲从19世纪初就开始接受近代宪法制度的洗礼。由于这些近代宪法制度的形成,受其影响,近代宪法思想的普及也成了必然趋势。

近代宪法制度的特点有二:一是确立了不同于封建性身份等级制度的近代国民议会①;二是有确保国民基本人权的法律保障。这种为宪法制度的成立而形成的宪法思想,简单来说,就是近代的自然法思想。这种思想正如约翰·洛克所展示的,它的出发点是人生而自由平等,可以把自己的劳动成果归为自己所有这一基本的人权思想,体现为:为了保障个人的权利,人与人之间通过协议组成市民社会、由市民代表组成政府这样的自由主义议会制国家观。

18世纪是近代宪法制度·思想在英国、法国、美利坚合众国这些最先进的资本主义国家中以古典形式盛行的时期。19世纪是其被引进德国、俄

---

① 人权保障是近代宪法制度的特色之一,这是毫无异议的。问题在于其另一个特色是议会还是三权分立,如果看英国的宪法史,因大陆式的权力分立是不存在的,所以通常认为是前者。但受法国《人权宣言》第16条的影响,认为是后者的人也很多。然而我们须注意的是,认为三权分立是近代宪法特色的人,通常只关注权力的分割而忘记负有立法权的近代议会的重要性。那样的权力分立论,未必称得上是近代的。

罗斯、日本等资本主义经济制度发展较为迟缓的绝对主义国家,形成极度扭曲的伪立宪主义国家形态的时期。换句话说,19世纪中叶,即使原本封建的绝对主义国家,也不得不培育资本主义性质的经济制度,成立近代型的议会,一定程度地保障人权,使国家维持近代化的外观。在这种情况下,一个明显的特征是除了国家自身的内在要求,外在原因也为近代宪法制度的成立起到了强有力的推动作用。因此,在分析作为改革前期准备的国内思想状况、制度状况的同时,需要首先考虑一个重要的问题,即宪法思想由何处而来? 它是以怎样的形式被引进的?

有一种偏见认为宪法思想进入到持续锁国二百多年的日本,从语言学的角度看是通过汉学家的汉文引入的,从国家层面看是通过荷兰这个当时唯一的贸易国引入的。随着黑船的到来(1853·嘉永六年),宪法思想虽然仍是通过汉文传入,但是此时已不再通过荷兰,而是直接将欧美的情况介绍到日本,渐渐地思想交流的障碍得以消除。

欧美的宪法思想首先传入到我国的是关于议会政治方面的内容,这满足了因政治制度改革而苦恼的幕府末期日本政治家的要求。譬如,最早将欧美的议会政治介绍到我国的《舆地志略》(1827·文政十年)是青地林宗受幕府之命,从荷兰书籍翻译而来的(尾佐竹猛《维新前后的立宪思想研究》1934·昭和九年,第18页)。

佩里黑船事件的第二年(1854),作为通俗书籍出版的正木鸡窗的《美理哥国总记和解》是《海国图志》的部分日译内容。《海国图志》是美国人裨治文在新加坡所著《万国地理书》(1838)由林则徐翻译成了汉语(1842)。这本书虽然是中文版本,但嘉永·安政年间在文化人中间广泛流传。美国人祎理哲用汉语创作的《地球说略》(1858)由箕作阮甫于1860年(万延元年)翻译成日语,此书到明治初年都是新知识的宝库。

将美利坚合众国宪法详细翻译出来的是箕作的《联邦志略》(别名《大美联邦志略》),是将裨治文的《海国图志》中的美国部分作为单行本发行,箕作添加训点后于1861年(文久元年)出版的。此外,对宪法制度的介绍做出贡献的有惠顿著,威廉·马丁(丁韪良①)汉译的《万国公法》(1864),此书于 1865 年(庆应元年)在我国翻印。

然而至此关于外国宪法制度的介绍都仅是偶然的、非系统性的,无论它给日本思想界带来多么强烈的冲击,终未能为其指明方向。

从宪法学角度系统地介绍宪法,并且将构成宪法基础的整个国法学以及国际法学介绍到我国的,是作为幕府的留学生(1862·文久二年)在荷兰莱顿大学攻读法学的津田真一郎和西周助。津田真一郎把莱顿大学西蒙·菲塞林教授(Simon Vissering,1818—1888)的讲义内容翻译成日文《泰西国法论》(1868·庆应四年),其中第 4 卷全部是关于宪法的讲解,是一部国法学书籍。西周助的《万国公法》(1868·庆应四年)是一本关于国际法的书籍,而神田孝平撰写的《性法略》(1871·明治四年)是基于自然法的法理学书籍。其中《泰西国法论》到 1877 年(明治十年)为止屡次再版,是左院的国宪编纂的思想依据,是加藤弘之的《立宪政体概略》(1868·明治元年)的蓝本之一,它对明治初期的宪法思想产生了深远的影响。② 当然,对于构成此书内容的、在欧洲早已是常识的近代宪法思想,当时的日本人能够正确理解多少是个问题,但是日本人正是通过此书才首次做到了整体把握近代国家组织和人权之间的关系。

虽然《泰西国法论》采取的是一般国家学的形式,但是菲塞林的讲义无疑在很大程度上受到当时荷兰君主立宪制这一宪法状况(1815 年制定,1840 年、1848 年修订)以及特别针对日本留学生的讲义等因素的制约。即便如此,菲塞林作为自然法学者对近代宪法的诸原则进行了充分阐述,这是无法否定的,对此我们应该格外关注。

该书的基本观点认为国家形态应该是君主立宪制。书中对各种政体加以说明后,将它们的利弊得失做了如下描述:"民政的弊端在于政道无常,朝令夕改;贵族政治的弊端在于规模小,平民贤才得不到重用,营私舞弊;无限

---

① 该句括号内原文为"丁韩良",应为"丁韪良"之讹误。——译者注
② 左院是太政官所属的立法咨询机构。设立于 1871 年(明治四年),次于正院,负责制定和修正法规、起草宪法草案等。1875·明治八年取消。——译者注

君政的弊端在于易引发国家动乱。为了有效防止这些弊端出现,实行有限君主的国政方为上策。"(《明治文化全集》第 12 卷《法律篇》第 95 页)此书首先将政体分为多党制和一党制,进而将前者细分为平民政治(又称为民主国)和贵族政治,再将后者细分为君威无量国、无限君主国和有限君主国。引文中没有提到的君威无量国是将所有的臣民当作奴隶的国家,故而自然"可极尽力量以废之"。

"一国之至高权位及其他一切小权位之本源,故以一特称别之,谓主权;操此主权之人称君主。"(该书第 72 页)根据君主主权发挥作用的不同设立三权分立。我们需要注意的是,说是三权分立,其实也不过是君权的职务分担罢了,它和菲塞林引用的孟德斯鸠的三权分立论的精神大相径庭。

所谓三权,指的是立法、行政和司法。"三权起源不同,各自独立并无关联的说法是不对的。三权本来都掌握在君主手里,只因其方向不同,故其作用亦不同而已。君主一个人的权力极大,因此,不得不把权力分开掌控,如此分权是天下通用法则。"(该书第 73 页)

分立后的三权,除"将司法权委托给自立自治的法士"之外,让负有其他两个权力的政府和代表大会独立、并存,取得平衡。关于政府和议会的关系,书中列举了英国的议会内阁制之例(该书第 100 页)。但是要说哪个更重要,正如"成立与作为国家领主的政府相并列的代表大会"(同上)所描述的一样,一般容易侧重于前者。①

议会当然是两院制(该书第 101 页第 17 章)。

关于基本的人权,该书是如何描述的呢?

此书第 4 卷的主要内容是关于宪法,作为根本法律(宪法)的两大支柱,它提出了"甲、国家居民彼此权利义务的标准;乙、国制即建国法制"。将国民的权利作为宪法的两大纲目之一,是法国人权宣言确立下来的传统。作为其细则,该书在第 2 卷中作为"各国的惯例"列举出如下内容:

---

① 关于仅重视三权分立不重视议会的菲塞林的近代宪法思想,请参考前面第 43 页(本书第 33 页,译者注)的注释内容。

第一章　宪法思想的先驱　37

第一、自主的权利(身体的自由)

第二、不可侵犯的居住的权利

第三、活动自由的权利(居住、移居、营业等行为的自由)

第四、结社集会的权利

第五、思想、言论、书信自由的权利

第六、自由信教和举行仪式的权利

第七、尊重书信秘密的权利

第八、自由支配其所有物的权利

第九、法律上人人平等的权利

第十、按家产的多少决定税率的权利

第十一、请愿的权利

第十二、让国家遵守和个人间的约定的权利(该书第85页,括号中内容为笔者所加)

值得关注的是除了以上通常的权利外,该书也介绍了其他主张,"其一,接受救济的权利;其二,接受工作的权利;其三,接受教育的权利"的学说。与此同时,它否定了认为这些权利虽是受人们期盼的,但是不能说是国民权利的观点。这不禁让人联想到法院关于日本现行宪法的生存权、劳动权、受教育权的法理(程序说)。

关于公权核心部分的选举权,普通选举也除去了"妇女儿童、精神病人、被判重刑之人以及对其所有物无自由支配权的人等"。对于该限制的得当与否,书中做了这样的解释:"各国国法论的开明程度彼此之间是有差异的,因此将选举法一概而论,明确指出至善良法实在是困难之举。"(该书第88页)

最后,尤为引起关注的是,此书在讲述国民义务时,以免除义务的形式提出了抵抗权的理论,这极易让人联想到洛克的政治理论,虽然它没有法国流派那么激进。

若夫君主本人令出非法而暴虐无道,臣民得径拒绝君命,其法视暴虐之轻重而异。

　　甲　或仅拒绝遵从，

　　乙　或呈谏表明拒绝，

　　丙　或举兵以暴拒暴。

　　虽然，国民行动需慎重，若非万不得已，国民万毋执戈而起。国乱内变及国家殃祸最可忧惧者也。然果已千般计尽、万端途绝而仍不得拒彼邪、匡吾正，则不可不尝试以暴拒暴。（第89页）

　　自1868年（明治元年）上述《泰西国法论》介绍到日本后，仅在此章所述这段时期内就出现了不少关于宪法学、宪法思想、宪法制度的外国著作的介绍。其内容显现如下三种倾向：

　　第一，以外国宪法典为代表的关于法令的翻译。

　　以1843年（天保十四年）杉田成乡受老中水野越前守之命翻译的《荷兰宪法》为开端，1868年（明治元年）神田孝平的《荷兰政典》；1869年（明治二年）铃木唯一、后藤谦吉编撰的《英国刑典》；1870年（明治三年）箕作麟祥的《法兰西法律书》（刑法），福地源一郎的《英国商法》，子安、柴田的《英国海军律令全书》；1871年（明治四年）箕作麟祥的《法兰西法律书》（民法），何礼之的《美国律令》，山口良藏的《日耳曼军律》；1872年（明治五年）神田孝平的《荷兰邑法》《荷兰司法职制法》《荷兰州法》、马屋原彰的《荷兰议员选举法》；1873年（明治六年）林正明的《英国宪法》、《合众国宪法》，箕作麟祥的《法兰西法律书》（宪法、诉讼法）；1874年（明治七年）林正明的《议员必携》，大井宪太郎、簑田真藏的《法国民选议院选举法》；1875年（明治八年）村田保的《英国议院章程》，尾崎三良的《英国成文宪法纂要》；1876年（明治九年）近藤圭造的《法兰西五法略》，藤井惟勉编写的《英美普法立宪政体一览表》，纸币寮①的《加福尼亚选举法》，田中耕造的《欧洲各国宪法》；1877年（明治十年）由元老院的田中耕造和齐藤利敬翻译、细川润次郎校正的《欧洲各国宪

---

① 大藏省纸币寮，即现在的国立印刷局。——译者注

法》问世，为这个时期的宪法翻译画上了一个圆满的句号。此书包含了西班牙宪法(1845)、瑞士联邦宪法(1848)、葡萄牙宪法(1826、1852年增补)、荷兰宪法(1815、1840、1848年修改)、丹麦宪法(1866)、意大利宪法(1848)、德意志帝国宪法(1871)和奥地利宪法(1867)。以上翻译基本都是由在幕府、维新政府供职的新知识分子完成的，映射出当时处于改革期当政者的摸索之态。并且，显而易见，对于宪政的关注核心已由起初的美国慢慢转向欧洲，特别对法国尤为关注。

第二个倾向是基于自由主义国家观的宪法思想的引入，英国的宪法政治成为研究的中心。

1872年(明治五年)中村敬太郎翻译了穆勒的《自由之理》；1873年(明治六年)小幡笃次郎翻译了托克维尔的《上木自由之论》，中村正直翻译了兰塞姆·吉勒特[①]的《共和政治》；1875年(明治八年)何礼之翻译了孟德斯鸠的《论法的精神》，永峰秀树翻译了穆勒的《代议制政府》；1876年(明治九年)何礼之翻译了边沁的《民法论纲》；1877年(明治十年)林董翻译了边沁的《刑法论纲》；1878年(明治十一年)岛田三郎翻译了边沁的《立法论纲》，星亨翻译了布莱克斯通的《英国法律全书》；1879年(明治十二年)岛田三郎翻译了杜蒙的《民法论纲绪论》；1880年(明治十三年)大岛贞益翻译了奥斯汀的《豪氏法学讲义节选》；1882年(明治十五年)佐藤觉四郎翻译了边沁的《宪法论纲》，尾崎行雄翻译了托德的《英国议院政治论》；1883年(明治十六年)岛田三郎和乘竹孝太郎翻译了梅特兰的《英国宪法史》(明治二十一年完成第6卷的翻译后全部完成)，高桥达郎翻译了白芝浩的《英国宪法》。

众所周知，孟德斯鸠的《论法的精神》第11篇第6章是英国宪法研究的先驱之作，白芝浩的《英国宪法》(1867)是英国人自己撰写的最早的科学性宪法学著作。关于孟德斯鸠和白芝浩，在序章论及宫泽研究时已做介绍。

---

① 兰塞姆·胡克·吉勒特。——译者注

第三个倾向是强调天赋人权的宪法思想。这种思想随着法国大革命和成文宪法获得高度评价而产生，与此有关的译著全部译自卢梭的著作。

　　1877年（明治十年）服部德所译《民约论》；1882年（明治十五年）中江兆民所译《民约译解》，原田潜所译《民约论覆义》。

最后，有必要再附加说明的一点是，除以上三种倾向之外还有一种反革命的、反自由主义的宪法思想也介绍到了日本，它是民主主义宪法思想的先驱。虽然这一宪法思想在这个时期还极少见，但是它渐渐强大，及至第三章所述时期（1889・明治二十二年）后，成为占据主宰地位的思想。

　　1872年（明治五年）加藤弘之翻译了伯伦知理所著《国法泛论》；1881年（明治十四年）金子坚太郎翻译了埃德蒙・伯克所著《政治论略》。

补充注释： 从幕府末期到明治初年，将各发达资本主义国家的宪法典和宪法思想介绍到日本的，是当时最高层次的知识分子们。在当时的政治统治下，将"宪法"介绍并传入到既没有议会又没有一点人权保障意识的日本社会，其困难程度难以想象。甚至就连想要说明外国的"宪法"，都没有与近代的、西欧意义上的"宪法"相匹配的词语。

笔者在本文中列举的有关外国的宪法典、英国的宪法思想、法国的宪法思想的译著，它们毫无疑问都是劳心之作。当时是拥有怎样教养的知识分子，抱着怎样的想法，从为数众多的外国作家和著作中选出特定作品来翻译的？所选作者和著作的思想内容多大程度上做到了正确介绍？这些介绍对当时的日本带来了怎样的影响？这些都是需要高度关注的问题。如果将一本本的译作作为线索来研究，那么日本宪法思想史的根源将会一点点清晰。

石田雄在1976年撰写的《日本近代思想史中的法与政治》一书的序章中，就1872年（明治五年）中村正直所译穆勒的著作《自由之理》，悉数阐明了上述问题。假如针对岛田三郎所译边沁的著作、何礼之所译孟德斯鸠的著作、中江兆民所译卢梭的著作也进行这样的实证研究，那么明治初年混沌的日本宪法思想毫无疑问应该会相当明晰。

石田将穆勒、中村、严复这三位英国、日本、中国的思想家作为分析对象,以1859年的穆勒《论自由》的译本(1872年中村译为《自由之理》,1903年严复译为《群己权界论》)为线索,进行了比较思想史的尝试。对处于18世纪迈向19世纪、边沁主义向科尔里奇主义转变这一过渡时期的思想家穆勒的《论自由》,同样处于重要转变期的严复和中村,他们各是持何种态度加以翻译的?对此石田进行了剖析。很遗憾,对于穆勒和严复的分析此处不便多做介绍。

中村正直(敬宇)本是幕府正统的儒学家,他学习兰学,之后得到机会去英国留学(1866—1868),回国时幕府已经倒台。作为旧幕府官员,中村在艰苦的生活中于1871年(明治四年)翻译了斯迈尔斯的《西国立志编》。受此激励,他于第二年出版了穆勒原作的译著《自由之理》。

中村24岁成为昌平坂学问所教师,留学回国后成为基督教徒并作为《明六杂志》的同人十分活跃,晚年成为女子高等师范学校的校长,59岁(1891·明治二十四年)去世。中村翻译的《自由之理》推动了民权运动,但是在发行约10年后,随着民权运动的衰退,此书也变得无人问津。到了明治二十年,穆勒的《论自由》只是作为寻常的英语教科书在使用罢了。这一变化过程非常耐人寻味,石田对于这一过程的分析极具说服力。

第二节　启蒙性宪法思想

通过前节所述幕府末期到明治初期外国宪法思想的移入情况,应该能够大致明白当时怎样的宪法思想传入日本并得以普及和扎根的,以及它们对当时政治局面下的日本近代宪法思想的产生起到了怎样的帮助作用。通过翻译外国书籍将宪法思想介绍到日本的学者们,几乎毫无例外继而又通过自己撰写著作推进了各自的宪法思想。虽然他们都借鉴了外来宪法思想的形式,但是围绕明治政权的存续方式,各自的政治主张逐渐成为宪法思想的主要内容。这里有一个近代宪法思想的日本式接受传承问题。在初期，外国宪法思想极为原生态地传入日本，之后随着传入思想变得多样化，接受的方法也变得有目的有意识，出现了几种倾向。

用自己的笔触最早把外国的宪法情况介绍到日本、对立宪政体的优点加以启蒙引导的日本人，从广义层面上说是"下层社会的民权论者"福泽谕吉，在宪法领域则是"上流社会的民权论者"加藤弘之。

福泽谕吉在1860年（万延元年）前往美国，接着在1861年（文久元年）随幕府代表去了欧洲。他将获得的新知识汇编成《西洋事情》（1866·庆应二年），其中关于欧美政治、法律制度的内容在明治初年起到了极大的启蒙作用。在宪法领域可以与其匹敌的著作是加藤弘之于1868年（明治元年）公开发表的《立宪政体略》。加藤早在1861年（文久元年）便撰写了《邻艸》[①]，借中国的政情提倡议会的必要性，并尝试介绍欧洲各国的议会制度。书中写道：

> 鄙意今欲改革清朝政体，应采上下分权之政体（立宪君主制）。至万民同权政体（共和制），举国无君臣尊卑之别，唯德才兼备之士居于上而治蒙昧愚鲁于下，其公正自无出其右；然今清朝欲立此政体亦殊非易事，故从速改革上下分权政体，革除积弊，力兴善政，方为清朝当务之急。……汉士典制之缺，诚所谓公会者也。唐虞三代迄未有此公会之设，故后世昏君暴主等出，则政权或为奸臣贪吏所窃，或为君主擅揽独专，终使天下尽失也。（《明治文化全集》第3卷第9页，括号内为笔者所加）

如果将文中的清朝换做幕府，那么就直指日本了，因此此书没能公开出版。但是，《邻艸》并非强调非近代议会不可，它认为封建时代应该有适合封建时代的公会。

> 倘封建之世，则各州公会官员非决于诸侯，而依其封地广狭、户口

[①] 也译为《邻草》。——译者注

多寡酌定员额,若遇重大、特殊或关乎万民苦乐之事等,必会聚谋议之;值其时也,诸侯亦必各怀仁政,仰承朝廷而尽真忠无疑。而若谋夺诸侯之权,使其不得置喙国事,则朝廷大权或现一时之盛,实则构怨诸侯,一旦事起,受诸侯之害,必也。(同书第 11 页)

不过,在《泰西国法论》的影响下写就的《立宪政体略》(可以将君政的分类和《邻艸》加以比较)明显和《邻艸》不同,它的论证虽是抽象的,但相对明显是站在以近代议会为中心的三权分立的立宪政体立场上的。

其基本人权的思想也是明确的。

然而,为了充实《立宪政体略》中的"治法"理论而撰写的关于"治术"的《真政大意》(1870·明治三年),已表现出设立议会的渐进化倾向,加之他在读了布鲁恩切利、莫尔、裨治文等人的著作后所著的《国体新论》(1874·明治七年)逐渐表现出从自然法思想中分离出来的倾向,故而加藤弘之虽然认同基本人权,但是他也开始承认国权的优越性。

> 然此虽称自由权,如违伦理、背公道,致危害国家人民,则防之制之自属君主政府之权利也,义务也;而国家若陷于战乱等,则非但此等权利,其他私权或亦须暂受约束限制。(余所译《国法泛论》下帙第三册《政府非常权》之部曾详论此理)(《明治文化全集》第 2 卷第 118 页)

即便如此,作为立宪政体启蒙家,加藤到此时(1874·明治七年)所起到的伟大作用是不可否认的。

明治初期的启蒙性宪法思想继而被以团体形式展现出来,明六社便是其一,福泽和加藤均为其成员。明六社,正如其名,是明治六年(1873),在美国归来的森有礼的提议下创建而成的,它聚集了当时西洋学者中的一流人物。最初的成员有森有礼、津田真道、西周、福泽谕吉、加藤弘之、中村正直、箕作秋坪、箕作鳞[①]祥、西村茂树、杉亨二共十人,后来阪谷素、津田仙、神田孝平、柏原孝章、柴田昌吉等人也加入进来。其中众多学者是前面提到的有

[①] 原文写作"鳞",疑为"麟"之讹误。——译者注。

关宪法的译著作者，此处没有必要重申。当然，明六社作为学术团体，他们的方针是不谈论当下政事，其机关杂志《明六杂志》也鲜见直接的政治主张，但是从涉及政治、经济、外交、社会、宗教、法律、历史、教育、自然科学等方面的诸多论文，特别是从关于政治方面的论文中还是能窥视到明六社成员的宪法思想。

首先是关于副岛等元参议[①]在1874年（明治七年）提出的民选议院论。明六社成员中没有明确反对"民选议院"的。但他们反对古典的封建制度，为了推翻它故而在理论上承认"议会"这一西欧式的制度，针对现实问题，他们则以不同的理由均站在了渐进论的立场上。也就是说，他们对急进的设立民选议院白皮书实际上是持批判态度的。

加藤弘之《伯伦知理氏国法泛论摘译民选议院不可立之论》（《明六杂志》第4号，《明治文化全集》第5卷第69页）指出，除英国外的其他国家，大臣遵循议院意志不见得是好事（举俾斯麦与两院对立而重振德意志势力之例），称"决非以公议舆论为不可，仅欲明辨依仗势力而不察人情、唯公议舆论是张之非耳。"不管从"人民开化程度"（西）抑或"开明程度"（阪谷）来说，明六社成员基本一致认为为时尚早。于是就有了将元参议看作改革党（加藤）的政府性立场和如下中村正直的论文中所体现出的人民观。

> 戊辰后，容纳人民之器物（政体），其状似优于往昔，而人民一仍其旧，依然奴性未除，谄上抑下、目不识丁、酒色财气、愚顽厌学、不识天理、不辨本分、智识浅短、心胸狭小……（《人民性质改造说》，《明六杂志》第30号，同书第201页）

因此，作为从封建制度向民选议院转变过程中的"蜕变"，创建官选议院从而推进民选议院的想法变为了现实。阪谷素（"民选议院变则论"《明六杂

[①] 参议是1869年（明治二年）设于太政官参与大政的官名，在左右大臣之下，1885年废除。——译者注

志》第 28 号)和西周("网罗议院说"第 29 号)也陈述了同样的看法。

对于选举的方法,津田真道对向士族和纳税平民施加的限制以及间接选举进行了详细的分析(《明治文化全集》第 5 卷第 115 页)。

上述议会思想究竟是否属于近代议会思想是个需要探讨的问题,因为与其说近代议会,它更容易让人联想到采取近代国民议会形式的等级会议。

关于基本人权思想,基本上都是以自然法思想为依据的,核心皆是自由。与此相反,对于平等却几乎没有提及,仅是对夫妇同权大多加以否定性论述而已。至于抵抗权思想等,更是完全见不到。西村茂树在"自主自由解"(《明六杂志》第 37 号)中对自由进行了妥协性的阐述。他认为自由分为自然性自由和政治性自由,政治性自由虽说和君民同治、共和政治的政体一致,但是由于在民众知识水平较低的地方不能实行这种政体,故而像俄罗斯一样,政治性自由不被承认也是无可奈何。自不必说对于日本他也是持同样看法。中村甚至在翻译穆勒的《自由之理》的自序中写道:"此书所论自由之理或曰自主之理,与皇国固无关系,在欧洲诸国却至关紧要,屡念诵者也。因不揣才拙文劣而译之,以俾考究外国政体者有所助益。"(《明治文化全集》第 2 卷第 6 页,着重号为笔者所加)

对于 1875 年(明治八年)的诽谤律法和新闻条例,明六社所采取的态度直截了当地体现出他们对自由的现实性观点。换句话说,他们既不能违背本意屈从于律令,也不能自由执笔反对律令成为政府的罪人,所以在问题尚未发生之前就将《明六杂志》停刊了(福泽谕吉"停止明六杂志出版的议案",《明治文化全集》第 5 卷自第 11 页)。他们以保卫法律范围内的政治性自由的形式放弃了自然的自由。

综上所述,我们可以看出明六社的宪法思想虽然打着英国宪法思想理念的旗帜,但是当应用到现实中时,对日本绝对主义政权的成立是极度妥协的。当然,福泽和加藤处于两个极端,中间存在着各式各样不同的思想。在自主自由和文明开化方面,它们一致反对古典的封建制度,在这一点上,足可以认为它是启蒙思想的启蒙思想。①

第三节　自由民权性宪法思想

　　明六社的启蒙性宪法思想包含着各种各样的论述，从福泽式民权性色彩浓厚的，到加藤式国权性色彩强烈的，他们共通的宪法理论便是议会的必要和对人权的尊重，在这一点上与下面将要论述的自由民权性宪法思想并无二致。近代宪法思想的引入和在此基础上的本土化尝试促进了启蒙性宪法思想的发展，接下来便是自由民权性宪法思想的蓬勃发展阶段。划分这两个阶段的是一起政治性事件，而引发此事件的导火索则是针对所提宪法问题的具体处理上的不同。自明治维新开始到1875年(明治八年)左右的启蒙性宪法思想和从1874年(明治七年)开始到1881年(明治十四年)左右的自由民权性宪法思想，二者虽然有着相同的理论基础，但是在理论向现实转变的方法上却存在着显著差异。比如，从明六社成员的举动便可知他们对这个时代的应变方法各不相同，有如加藤般和民权思想彻底诀别的，也有像福泽一样不入宦途、与之后的改进党派的宪法论关系密切的。但是本节关于自由民权性宪法思想，主要围绕明六社中不曾有的、在野且反政府的、和之后的自由党密切相关的宪法论展开。为了说明这个思想的变迁，有必要最小限度地解释一下明治时期的政治史，特别是与宪法问题相关的政

---

①　明六社成员的主要著作如下：
　　福泽谕吉的《西洋事情》(1866·庆应二年)、《世界国尽》(1869·明治二年)、《劝学篇》(1871·明治四年)、《文明论概略》(1875·明治八年)。
　　加藤弘之的《邻艸》(1861·文久元年)、《西洋各国盛衰强弱一览表》(1867·庆应三年)、《立宪政体略》(1868·明治元年)、《真政大意》(1870·明治三年)、《国体新论》(1874·明治七年)。
　　中村正直的《西国立志篇》(1871·明治四年)、《自由之理》(1872·明治五年)、《西国童子鉴》(1873·明治六年)。
　　西周的《致智启蒙》(1874·明治七年)、《百一新论》(1875·明治八年)、《利学》(1877·明治十年)。
　　西村茂树的《校正万国史略》(1872·明治五年)。
　　津田真道的《如是我观》(1875·明治八年)。

治史。

明治初年,引进外国的宪法思想并推进启蒙性宪法思想的,主要是担任官职的知识分子们。他们基本上都是站在政府的立场上思考宪法问题,但由于当时明治政权的开明政策,双方都没有深刻意识到这种局限性。从德川的古典封建制到向天皇制绝对主义迈进的明治政权,克服了古典的封建制度,为了和发达资本主义国家抗衡,在各方面都不得不进行激进的改革。这种改革,往往带有资本主义性质,至少采取了很多资本主义性质的改革形式。

若论日本的近代宪法史,一般要从1868年(明治元年)的五条誓文和政体书的发布开始。

五条誓文是元年一月在追讨德川庆喜的江户攻略军出发之际,作为己方诸侯们的同盟誓文而制定的草案,其开头便写着"须兴列侯会议,万事决于公论"。之后,在木户的建议下,于三月举行天皇向神明宣誓仪式之际,本着制定以天皇为中心的国家体制之意,改为"广兴会议",从而颁布。该誓文在明治初期被看作是我国最初的宪法,1910年代的民权论者主张的国会开设论也是以它为根据的。虽说五条誓文究竟能否称得上是近代意义的宪法,或者说它能否约束立宪政治尚需探讨,但是它给明治时期的议会思想带来了巨大的现实影响却是不可否认的。

宪法思想方面更引人关注的便是政体书。将中央集权和三权分立统一起来的这一政体书,是以福泽谕吉的《西洋事情》和神治文的《联邦志略》为基础创作而成的。其中甚至载有官吏的公选制,可见直接运用了当时最新的翻译知识。

翻译气息浓重的政体书在编撰后不久就进行了修改,而且次年开始采用大宝律令以后的复古官名,但即使是在"明治维新"和"复古"的动摇中,外国法令的翻译和启蒙性宪法思想所带来的积极意义依旧是不可估量的。

1869年(明治二年)的版籍奉还、1871年(明治四年)的废藩置县和诸藩联盟的公议舆论政治逐渐转变为有强烈独裁倾向的藩阀政治。1872年(明治五年)以后,通过修改地租和征兵而建立起来的"四民平等"的国民军队,以及重视义务教育的学制的发布等,日本快速向近代国家转变。当时的政治背景是:绝对主义国家在形成期所采取的各种开明政策保证了启蒙性宪法思想的进步性。

但是,以 1874 年(明治七年)为界,翻译过来的外国宪法思想以及启蒙性宪法思想的作用发生了明显的质变。这是因为围绕征韩论,政府首脑内部分裂(1873·明治六年),远离政权的强力反政府派通过与民权连手,由下而上的民权性宪法思想变得强大起来,从而取代了自上而下的站在政府立场上的宪法思想。

1874 年(明治七年),由板垣、副岛、江藤、由利、冈本联名向左院提交的设立民选议院建议书,是自由民权性宪法思想的具体开端。通过和自由民权性宪法思想的交锋,启蒙性宪法思想认识到自己的局限性,不得不进行思想上的剖析。这两种宪法思想并不是在初期就存在着抽象的理论(自然法思想)差异,而是在具体宪法问题的处理上相对立。二者间最初的理论斗争便是民选议院论争,通过此论争,自由民权性宪法思想明确了其政治姿态。

在此论争中自由民权性宪法思想主张早期开设民选议院,其首要论据不是抽象的议会论(在抽象理论方面它和启蒙性宪法思想并无多大不同),而是官吏专制的弊端,即对明治政权的藩阀性[①]的直接抨击。虽然"为期尚早论"的代表加藤弘之等人认为起用人才策略能够克服这一弊端,但是民权论者,比如在和加藤的论争中声名鹊起的马城台二郎(《明治文化全集》第 1 卷第 385-388 页、第 389-391 页、第 394-396 页,马城是大井宪太郎的笔名)基于"抑制和平衡"理论,强调民选议院的必要性,即"张扬立法权,本为阻遏行政权之横恣"(第 389 页),设立民选议院的要求,从理论上与反政府性质的政治倾向一致起来。

第二个论据是设立民选议院让人民参政,从而促进议院开明化。福泽自不必说,加藤也主张"为期尚早论",认为比起设立议院,实行教育更是当

[①] 据冈本、小宝、小泽的"民选议院"(《明治文化全集》第 1 卷,第 375—385 页),当时在被任命的 67 名官员中,籍贯为萨长土肥的有 44 人(65%);在 2126 名奏任官中,籍贯为此四藩的有 800 人(37%),而四藩的人口仅占日本总人口的 7%。

务之急。就当时人民的开明度进行争论的加藤和大井也并非判断上有多么不同,只不过大井更看重议院的政治教育场所的意义。这第二个论据和第一个相比显然更为消极。

从上述两点进一步展开考察,会发现民权性宪法思想存在以下理论特征。

民选议院主张的依据里有三权分立论和牵制均衡论,这一点前面已经说过。我们需关注的是,虽同为三权分立论,但与启蒙性宪法思想不同的是,自由民权性宪法思想提倡的并不是没有高低之分的三权共存。也就是说,重要的是民选议院设立论有着发展成为承认立法权优越性基础之上的三权分立论——我认为这才是真正意义上的近代思想——的必然趋势。

就基本人权而言,民权论者是反政府的,从事实上议院没有被认同便可以看出其将抵抗权[①]思想作为根基的倾向很明显。并且,在各项人权中尤为重视言论和出版自由。这些倾向随着1875年(明治八年)诽谤律法、报纸条例的出台,以及自上而下的弹压开始强化而不断增强。

1874年(明治七年)的设立民选议院建议书,是在次年的大阪会议上大久保、木户和板垣妥协合作的产物,它成为立宪政体渐次成立的敕书,在政府的政策中也有所反映。虽然此合作持续时间没能超过一年,但是以此为契机的自由民权运动逐渐高涨起来。以这一运动为背景,元老院的国宪编纂工作也在政府内部推展开来。1876年(明治九年)9月,元老院议长下达了制定国宪的诏书。

1877年(明治十年),立志社建议书流传到社会上,成为1910年代民权运动的导火索。1874年(明治七年)的设立民选议院建议书,是失去政权的

---

① 由《明治文化全集》第5卷《杂志篇》中的草莽杂志可见,在第1号中载有雅各宾宪法(1793年6月24日)的《人权宣言》译文,其第11、33、34条里规定了抵抗权,第35条里规定了革命权既是最神圣的权利也是必不可缺的义务。以此为理论基础,在第2号又刊载了对诽谤律、报纸条例第13、14条的批判,在第3号中甚至刊载了"压制政府应予颠覆论"(泽井尚次)、"暴虐官员应刺杀论"(守屋贯造)等标题骇人的论文。这些作者自然被当作"发表诋毁政府颠覆国家的言论、煽动骚论之人"(报纸条例第13条)受到了惩罚,杂志也被禁止发行。虽然这个杂志的思想体系不是很清楚,但是和板垣派的自由党多少有些关系。在西乡影响下的《评论新闻》当时也登载了"应推翻压制政府论"(伊东孝二,1876·明治九年)。

政府内部反对派的反政府态度的表示，与此相反，1877年（明治十年）的建议书则是基于对西南战争结束后一连串的武力反政府运动失败的反省，它确定了言论推动民权运动的方向，指出了具体目标，内容值得关注。其开设国会的要求在政党运动和出版活动的背景下，1880年（明治十三年）作为全国性运动达到了高潮。

1880年（明治十三年），爱国社在大阪大会上更名为国会期成同盟，决定以全国人民的名义将开设国会的请愿书呈递给天皇。政府为了弹压这次运动，制定了集会条例，规定政治性集会和结社须事先得到许可。

1874年（明治七年）到1876年（明治九年），国会开设时期成为争论焦点，此后自由民权性宪法思想在上述民权运动、国会开设运动高涨的情形下得到了发展。因此，宪法论的焦点首先集中在国会论，其次是针对政府弹压态势的加强而兴起的自由论，最终，制定宪法典的呼声也越来越高。

1876年（明治九年），以元老院的宪法调查和起草敕令为契机掀起的钦定还是国会制定的制宪方法论争，以及1880年（明治十三年）前后随着自由民权运动的高涨而大范围出现的社会性论争等，都充分反映了制宪的呼声。

1876年（明治九年），《东京日日新闻》领会政府的意图，主张"君许宪法"，即钦定宪法。与此相反，《横滨每日新闻》则排斥"君选宪法"，认为"民选宪法"也不符合日本的风土人情，故主张"君民合约宪法"。

到了1880—1881年（明治十三·十四年），唯有民权派呼声很高，主张协定宪法和民约宪法。《近事评论》的"国之宪法非国约宪法不可"（1880·明治十三年6月23日），《爱国志林》的植木枝盛的"国会论"（6号），青木匡的"国宪编制的顺序"（1879·明治十二年9月17日），《朝野新闻》的"国宪编制论"（同年12月17日）等均是代表性文章。在这一时期（明治十三年），甚至《东京日日新闻》也认可了采取协约宪法这一形式的稳妥性。[①]

若论著作，较引人瞩目的是立志社建议书执笔者之一的植木枝盛所撰写的《民权自由论》（1879·明治十二年），此书除了人民自由还强调了制宪

[①] 铃木安藏：《日本宪法学的诞生与发展》，1966年，自第72页。

的必要性。

　　这一时期外来思想中较为引人注目的是赫伯特·斯宾塞。他的著作被多人翻译，有尾崎行雄译《权利提纲》(1877·明治十年)，铃木义宗译《斯宾塞代议政体论》(1878·明治十一年)和《斯宾塞干涉论》(1880·明治十三年)。而福本巴的《普通民权论》(1879·明治十二年)则改编自他的著作。

　　在上述宪法思潮涌动的背景下，发生了1881年(明治十四年)的政治更迭。

　　补充注释：关于明治初年的自由民权运动，虽然对于参加该运动的个人、党派、地域等详细的研究一直在持续，但主要局限于历史学领域，在宪法学领域并未得到多少关注。在当时"宪法"完全不存在的情况下，为了在日本制定宪法，除了将重视"宪法"的发达资本主义国家的宪法典和宪法思想译介到日本之外，对于作为日本最初的宪法运动——针对明治政府所展开的自由民权运动——理应引起宪法研究者的更多关注。在这场运动当中，日本独特的宪法思想得以发展，独到的宪法典被构思出来绝非不可思议之事。但是，在自由民权运动中开展的宪法论，没能给明治政府自上而下的钦定制宪带来任何直接影响。正因为明治宪法是建立在自由民权运动废墟之上的，所以之后围绕明治宪法开展的宪法学研究，对自由民权运动思想、宪法典构想等没有表现出兴趣也绝非偶然。

　　使自由民权运动重现光明的是代表"大正民主"的政治学家吉野作造的《明治文化全集》。在战败后的"民主化"时代，"大正民主"作为战前日本极其有限的民主主义经验受到了重视。日本接受的《波茨坦宣言》中有这么一句话，"日本政府应为日本国民中的民主主义倾向的复活和增强消除一切障碍"，所以有必要证明被认为只有军国主义色彩的战前日本也是存在着"民主主义倾向"的。称得上在战后"复活"的战前颇为少见的史实正是"大正民主"以及自由民权运动。

　　对于逐年深入的自由民权运动的研究，此处不做介绍。这里想探讨的是关于自由民权运动中诞生的宪法构想。1970年色川大吉编写的《民众宪法的创造》一书对此有所论述，讲的是三多摩(五日市)的自由民权运动中产生的千叶卓三郎及五日市草案构想。此书讲述了以千叶卓三郎为中心的五日市团体,通过挖掘埋藏于三多摩山村土窑仓库里长达86年之久的文献资料,在研读当时国内外文献的基础上,经过了怎样的反复讨论从而制定出与嘤鸣社草案(109条)、筑前共爱会草案(138条)相匹敌的宪法草案(240条)的。它揭示了在开国政策下外来的宪法思想直接渗入三多摩的山村,在这样的山村历经了怎样的过程最终形成宪法草案的。此书极具启发性,可视为宪法思想的研究案例,它很好地阐述了何为民主性制宪的原点。

第二章　围绕宪法制定问题产生的宪法思想的对立

［明治十四年至二十二年(1881—1889)］

第一节　明治十四年政变和宪法思想

第一章按照外来的宪法思想、启蒙性宪法思想、自由民权性宪法思想的顺序叙述了近代宪法思想在我国扎根的过程。这些思想有一种倾向,即抓住当时的知识分子和逐渐成长的资产阶级,然后慢慢向下层国民渗透。但是说到底这也仅限从近代宪法思想发展的视角而言,如果从国民整体来看,对宪法毫不关心,甚至反对新宪法的民众绝不在少数,这清晰地反映在宪法制定这一现实政治层面上。必须注意的是,到大日本帝国宪法制定(1889·明治二十二年)为止,虽然制宪走向被第一章所述宪法思想所驱动,但它并非顺应制宪走向,而是以对决的形式推进并最终达成的。

1881年(明治十四年),随着大隈重信遭到罢免,其追随者纷纷下台,以伊藤博文为中心的萨长藩阀政府成立,此即明治十四年政变,它在明治时期的宪法制定过程中有着划时代的意义。由此,1875年(明治八年)的渐次立宪方针终于通过定于1890年(明治二十三年)开设国会的形式得以具体体现。同时,关于制宪,否定了翻译照搬外国的左院、元老院的做法,这就确定了自己的基本路线,即以岩仓—伊藤—井上毅命名的路线。

作为明治十四年政变后宪法思想走向的出发点,我们有必要关注在第一章和本章分水岭时期进行的热火朝天的宪法论争,特别是主权论争。主权的所在和如何使用问题是关系到国家权力本质的最重要的宪法问题,从论争的内容,以及围绕这一问题引发"主权"争论之战,能够看出宪法思想发展的时代特色。

《东京日日新闻》代表政府和保守派意见,主张主权在君和钦定宪法。福地源一郎、冈本武雄以及当时还是东大学生的渡边安积奋笔疾书,之后成为宪法学家的穗积八束当时也作为学生加入到论争之中。但是,根据冈本撰稿的社论(1882·明治十五年一月)所言,《东京日日新闻》的论点并非代表极端的保守派,它认同立宪制的主权论,因而与反对论有若干共同点。

较之共和国为人民主权,他则主张"主权在君,乃君主国不可改易之通义也"(《明治文化全集》第 2 卷第 321 页);但他又持国家有机体说,以头脑比拟主权,认为"若以国家为由法制秩序聚合之人众所组织,如人身之有头颈四肢之序次,则君主人民均无出此人众之外",故"纵君主亦必奉一定宪法而容其他官厅参与,以行使其大权",并以之为采行立宪君主制的理由。此处能看出它和国家主权说有相似之处,但却丝毫看不到第三章将提及的穗积学说所主张的君主即国家,或者家产式国家观。

与此主张对立的有《东京横滨每日新闻》的沼间守一、岛田三郎和肥塚龙,他们主张主权在君主与人民之间,这是英国式的议会主权论。

该报社论(1882·明治十五年一月)矮化布莱克斯通的学说,认为"主权乃制定法律之权力",亦即立法权,"主权既不在人民,亦不在君主,乃介乎君主与人民之间者,称之为立宪君主国。何以言之?制定法律非君主一人所能为,亦非人民一方所能为,须代议院论定、君主认可,而后方为法律,有检束社会之效力也。"(同书第 323 页)其结论为:主权者,独裁国家则在君主,"立宪君主国则存乎君主与代议院构成之国会"。《朝野新闻》和《报知新闻》也大体站在这个立场上,在论争中这一立场处于上风。

第三种立场是人民主权。收录在《民权家必读主权论纂》(《全集》第 2 卷,长束宗太郎编,1882·明治十五年)中的《东京舆论新志》杂志社的第二篇论文,是唯一一篇关于人民主权论的文章。其论点较为抽象,虽然没有明确站在反君主的立场上,但毫无疑问它是主张人民主权的。它否定社会契约论,但出于以下原因,却和社会契约论得出了同样的结论。

> 人各有异,时有恶人搅扰社会祥和者。有人搅扰社会祥和安宁,则不可不处置之。然其处置之权孰在?非在社会乎?而社会乃人民聚而成之者也,若此权在社会,则不在人民而果何在也?其在社会人民,可昭而明也。此权非主权乎?主权乃支配一国之权也,支配一国之权即维护一国祥和之权也,维持祥和之权即此之谓也。此权既在社会人民,则主权焉得不在社会人民乎?故曰主权在人民。(该书第316页)

虽然关于君主主权、国会主权、人民主权都展开了讨论,但毕竟这些文章都是发表在报纸条例等规定的合法出版物上的,既然都是顾及当时的舆论而写就的,那么固然结论有所不同,内容上势必不会有多大差异。比如,即使把握理论的方法不同,但是把英国的宪法政治看作是理想政治这一点上是大体相同的。

明治十四年政变以后的宪法制定工作由政府着手推进,走的是比主权论争中的右翼势力更加右倾的路线。自由党成立后便投身到反政府实践运动中的自由民权派宪法思想中出现了比最左翼更为左倾的思想倾向。处于这两者之间的是被政权追讨、以大隈为首的改进党派宪法思想。通过这些思想斗争(思想性斗争和实践性斗争),明治宪法得以自我完善。这一时期引入的外来宪法思想也变得极具意识性和政治性。

补充注释:我的"宪法学史"发表后,在公开发行的宪法思想史著作中,历史学家家永三郎1964年出版的《美浓部达吉的思想史研究》、1967年出版的《日本近代宪法思想史研究》及1980年出版的《日本宪法学的源流》尤为引人注目。

尤其《日本近代宪法思想史研究》第一编的"至明治宪法制定为止的宪法思想"颇有参考价值。与《民众宪法的创造》所举五日市草案的个案分析不同,它是自由民权期的宪法构想,尝试"综合讨论迄今为止学界出现的所有构想,通过和明治宪法进行对比,明确贯穿这些构想的历史特征"。(自第44页)

我最关注的是第一编第三章的"明治十年至明治二十年的学院派宪法学萌芽"(自第 67 页),作为和"学院派宪法学"直接关联的人物,它列举了合川正道和穗积八束二人。我视穗积八束为日本宪法学正统派的第一人,本书对他加以详细介绍,但是对于合川正道,因为资料缺乏等原因而不予讨论。据后来得到新资料的家永称,1881 年(明治十四年)从东京大学法学部毕业的合川在毕业当月自己出版了题为"宪法原则"的论文[顺便说一句,穗积八束从文学部毕业的时间是 1883 年(明治十六年)]。家永评论该论文说:"在切实准确把握近代宪法理念方面,他的卓越见解无人能比。不仅如此,认可革命权等彻底的人民主权说思想,在该年年末到次年年初围绕主权论争发表的众多论文中也是无人可及。"(第 72 页)

　　以"合川正道的思想与著作"为副标题的《日本宪法学的源流》一书为上述评价提供了实证依据。我们直接阅读该书收录的合川正道的多篇论文,便可自行判断将合川奉为"日本宪法学的创始人"是否合适。

　　如家永所指(《日本宪法学的源流》第 2 页),把穗积八束奉为宪法学的"创始人"自然毫无疑问,如若再选出一位和他并驾齐驱者,是像家永一样选择《宪法原则》的作者合川正道还是选择《国宪泛论》的作者小野梓?这是颇让人感兴趣一个问题。只不过这个问题不能停留在选合川还是小野上,对于合川和小野以外的宪法思想也需要关注。作为判断标准的"宪法学",他们是如何思考的?这才是最终的决定性因素。

第二节　岩仓—伊藤—井上的宪法思想

　　公卿出身的岩仓,其主要宪法思想是以传统皇室为核心的万世不变的国体观。在他看来,从五条誓文到 1875 年(明治八年)颁布树立渐次立宪政体的诏书,这个过程"给固有的国体多少带来些变更"(引自 1878・明治十一年,大久保利谦《至明治宪法诞生》第 137 页),因为立宪政治不过是不得已而为之的变革,故而他更加强调巩固"皇室基础"的必要性。1882 年(明治十五年)关于确立皇室财产的意见书充分体现了他的观点。

> 明治五年,人民得土地所有权,人民各自私有其土地,而缴纳租税以维持政府,其后,赋予人民参政权以谋进取之论层出不穷,乃有制定宪法之期。忆万目睽睽开设国会后我国情状,则激进民权论者常言行过当,怂动非政府言论大张其势。观今府县会议,足可推察其但求自由而不求人民自治、致官民离心之状况。
>
> 其后民权论日渐激进,宪法明文失其效力。天子亦为国会左右,皇位形同虚设,大权轻若鸿毛,遂使万世不易之国体受损,外受轻侮,内难安民。此等事体,难保今日必无之。故欲保宪法效力,须充盈其实质,即富赡皇室财产,陆海军费等均动支皇室财产岁收。如此,国会纵有过激言论,甚或拒绝讨议国库经费,则镇之抚之有何难哉!(岩仓公实记,大久保前述著书第 136 页)

岩仓基于天皇亲政这一想法,反对元老院"皇帝与帝国议会平分立法权"的国宪提案,也反对吸收了英系立宪思想的大隈的宪法意见,特别是反对他的政党内阁制和国会的早期开设论,进而将大隈从政府中驱逐出去。自不必说他更加厌恶自由党派的民权论。

就这样,岩仓和协助他的井上毅一起开始了明治宪法的起草工作。1881 年(明治十四年)的《大纲领》《纲领》《意见》(一、二、三)表明了该宪法的基本方针,明治宪法的基本原则也初现端倪。

《大纲领》十八项广泛列举了钦定宪法主义、将皇室从宪法规定中剥离出来的皇室自治原则、天皇大权思想、大臣对天皇负责、两院制、限制选举、前年度预算踏袭制。关于"臣民普通的权利和义务"则没有做任何阐述。

《意见》指出,国体不同立宪政体的方式也有所不同,日本应参照普鲁士式宪法而非英国式。

岩仓于 1883 年(明治十六年)病死,岩仓—井上的合作由岩仓在世时便开始的伊藤—井上的合作所承继。在以"国体"为中心、把普鲁士式宪政作为典范的明治宪法的制定路线中,岩仓是把重心放在国体上的,到了伊藤,虽说仍是普鲁士风格，但他更加重视立宪性思考。普鲁士宪法思想进入明治宪法制定的基本路线中，不单是因为普鲁士的绝对主义政治是日本天皇制确立的范本，还因为日本具备了与之相当的宪法思想上的准备。

在我国，介绍德国公法学的代表性人物是翻译伯伦知理所著《国法泛论》(1872·明治五年)的加藤弘之。他以一四年政变为契机撰写了《人权新说》(1882·明治十五年)一书，以使《真政大意》《国体新论》绝版，与天赋人权思想诀别。围绕加藤的新作所展开的激烈争论，揭示出当时被民权派批判的德意志式宪法思想的内容及其政治地位。

《人权新说》从进化论立场讨论生存竞争优胜劣汰学说，它从正面否定天赋人权。第一章"论何以有天赋人权妄想"，加藤借用达尔文的生物进化论，将天赋人权主义断定为妄想，尤其谴责卢梭是"史上未见的妄想论者"。他完全否定人生而权利平等，认为"近之欧美，上等平民(英国称之为'gentry'，德国称之为'dicht stand'，即大地主、大财主、富商、豪农及学者、技艺者之总称)已掌握左右社会大势之实权，其主张虽差异显著，但其精神力量最优最强，足以驾驭社会。故举国人民权利竞争已见分晓，优者已压倒劣者而告捷矣"(《全集》第2卷第365页)。(《人权新说》)为"上等平民"参与政治所提供之理论根据乃优胜劣汰，而非天赋人权。第二章"论权利之发端及进步"，认为权利随国家成立而产生，称"吾人类之所谓权利，本为专制治者欲阻遏优胜劣汰肆行于世、寻求社会及个人安全而设之者，明也"(该书第375页)，进而认为"应以大优胜劣汰之作用阻遏小优胜劣汰之力量"，故个人权利应受国家大权之保护。在最后的第三章则反对普通选举，强调权利进步应依民情风习而循序渐进。

在上述论点中，最受瞩目的是他站在国家立场而非个人立场来讨论权利，并且明确地将统治权置于个人权利之上。本文将在下一节阐述加藤的新作是如何被反驳的。

伊藤为做宪法调查于1882年(明治十五年)径直前往德国，听了格奈斯特的讲演以及他的高徒艾伯特·莫塞的连续讲座，此外还去维也纳听了斯坦因的讲座。在此期间，井上毅留在日本推进罗斯勒的宪法起草调查工作。伊藤在岩仓离世不久后于1883年(明治十六年)回国。在完全没有国民参与的政府机关内部,如何调和君权和立权主义①之间的关系方面,他开始付诸努力。

第三节　自由民权性宪法思想

　　作为对加藤弘之的《人权新说》的批判,出现了大量的著作和论文,如矢野文雄的《人权新说驳论》、石川正美编的《人权新说驳击新论》(1882·明治十五年)、梶木甚三郎编的《人权新说驳论集》、中村尚树编的《人权新说驳论集》、马场辰猪的《天赋人权论》、植木枝盛的《天赋人权辯》(1883·明治十六年)等。

　　这些批判可以分为几类,其中最突出的是交询社的矢野(《明治文化全集》第2卷自第391页)从边沁派功利主义立场进行的批判。

　　矢野认为,所谓的权利有两种,即法权＝法律上的权利和理权＝道理上的权利。前者从后者衍生而来,后者理权从道理中产生。道理就是"最大多数人的最大幸福"。加藤所说的权利只考虑了法权,并且他认为权利是强者为弱者而设,因而权利按强者的意愿而行。矢野认为进化这一自然态势和人类的道理是两码事,而加藤的学说却无视这一点,对天赋人权论加以抨击。

　　从政治层面来看,加藤学说"终极逻辑为,政府有压制人民之势力而随意压制人民,亦人民应守之定规。何须恐惧耳。"(该书第394页)

　　矢野从自然法角度分析边沁流派的"最大多数人的最大幸福",认为它是法权的理论基础,这正如外山正一对加藤的批判也存在的问题一样,大概他们不知道边沁本人就是对自然法思想的猛烈批判者才会做出这样的评判吧。但如果从反批判的角度思考,将边沁的自然法批判本身也看作是自然法,那便不能说矢野的主张是偏颇的了。

---

① 原文为"立権主義"。——译者注

矢野的特色在于，他认为"自由、自治、平等、均一"等人类最大权利"在任何国家均非因各具独立性质之优制劣服发挥作用而产生，而是其共同作用之结果"（该书第 404 页）。矢野断言，"物类处自然态势，具单独性质而少共同性质；人类之道理则有共同性质而无单独性质。"（该书第 396 页）矢野用优胜劣汰的理论批判加藤是从国家的观点分析权利，是专制的（单独性质），称他自己完全是从社会性角度（共同性质）分析法律和道德。如此，我们可以推测从个人的立场来看权利、从本来的天赋人权论角度对加藤进行的批判者尚大有人在。

在这些批判中，其次当属自由党植木枝盛的《天赋人权辩》。该书主要论述了洛克派正统的近代自然法思想。

植木从个人生存权出发，将思想自由、言论自由、迁移自由等争取幸福的权利总括为天赋权利，反驳加藤用优胜劣汰来否定天赋人权，认为他"将权力的本来面目和权利的保护"混为一谈。植木认为权利在现实生活中是否得到保护和权利是否存在是截然不同的两个概念，国家不是制造权利而是为了保护权利而存在的。

马场的《天赋人权论》立足于和植木基本相同的天赋人权论。他从个人维持生存和追求幸福出发，认为争取人民的自由平等，即自然法是最易实现这一目标的方法。自由平等从自然法中诞生的权利是自然权，即天赋人权。

马场把自由和平等看作是追求幸福的手段，这一点与功利主义的思考方式较为接近。对加藤的进化论从内在加以批判，为了不和进化论相矛盾而考虑自然法，这一点与将天赋人权看作是"道理"的法国式自然法论相差甚远。可以说马场对《人权新说》的反驳方式处于植木和矢野之间，从政治立场上看也是如此。

在攻击加藤的渐进论这一点上，矢野、植木、马场是一致的。1874 年（明治七年）启蒙性宪法思想所采取的渐进论随着 1881 年（明治十四年）后的政治过程变化而消失，同为英国式的立宪思想开始希望早期开设国会。这从大隈作为急进论分子被驱逐出政府一事便可看出。

虽然加藤、矢野、马场三人都引用了英国的宪法思想,但是我们可以看到,加藤如 1874 年(明治七年)一样,将其作为渐进论的依据,而矢野、马场则猛烈抨击加藤所提出的英国统治印度的非立宪性主张,认为我们国民已经做好了接受立宪制度的准备。马场认为,"容多数国民作自由生存竞争、以和平手段行优胜劣败者,即普通选举;须知,凭雄厚财力设限,令多数国民不得政治竞争,决不适合生存竞争之进化主义"。与加藤所主张的"上等平民"是立宪制的基础相反,马场认为在我国即使是"下等平民"也比加藤所赞美的欧洲中世纪的人民更加具备知识与才能。这反映出民权运动的主体已经由士族、富农、富商转变为中小阶层的农民、市民。

加藤的《人权新说》从启蒙性宪法思想中分离出来,告别天赋人权论,明确支持绝对主义国家自上而下制定的开明政策。与此相反,支持天赋人权论的自由民权性宪法思想则全部出自民间,因此,它无疑与岩仓—伊藤的宪法制定路线相悖。在对天赋人权理论的理解与阐述上,二者之间存在着相当大的差异。因为当时民权论者的宪法思想在还没有正确消化各种外来思想的情况下便意欲让其适应日本政治现实,所以若从理论角度来看,其自身有着很多矛盾的地方。因此,能够从中汲取的与其说是近代宪法理论,不如说仅仅是思想倾向而已。可以说上述三位学者各自对应不同党派的政治倾向,矢野对应改进党,马场对应自由党右派,植木对应自由党左派。在反政府这一点上保持一致的民权派内部也在反复进行着激烈的斗争。

因为推崇自由民权而拥有大众基础的全国性政党自由党①成立于 1881 年(明治十四年)10 月,板垣为总理。以财阀为背景、大隈领导下的改进党②成立于 1882 年(明治十五年)3 月。围绕板垣的出国游历费用(1882·明治十五年 11 月),以及作为反击自由党以"伪党扑灭"为口号进行的财阀攻击

---

① 以板垣为核心,中岛信行、后藤象二郎、马场辰猪、末广重恭、竹内纲、林包明、山际七司、内藤鲁一、大石正已、林正明等人构成领导层。植木枝盛继马场之后担任机关报纸《自由新闻》的编辑(1882·明治十五年 10 月)。

② 以大隈为核心,小野梓、沼间守一、矢野文雄、藤田茂吉、犬养毅、尾崎行雄、箕浦胜人等构成领导层。

(1883—1884・明治十六-十七年)等,两党自成立伊始便一直互相揭丑。自由党在福岛事件(1882・明治十五年)、高田事件(1883・明治十六年)、高崎事件、名古屋事件、加波山事件、秩父事件(1884・明治十七年)和行使地方性权力中被警察、军队镇压。相比民权,改进党也渐渐加重了国权的色彩。1884年(明治十七年)自由党解散,改进党也不得不将解散提上议程,最终陷入四分五裂的境地。

陆实在1891年(明治二十四年)的《近时政论考》(《明治文化全集》第3卷,自第457页)中对党派论争有过总结,他所谓的第三阶段(1881・明治十四年—1887・明治二十年)的自由・改进两党的宪法思想如下。

> 自由论派坚定倡导自由以排斥政府干涉,坚定倡导平等以唤醒众民思想。其主张为:
>
> 人本自由,不甘为人所治,而欲自治。自治之法莫如代议政体。人本平等,其权利不可因贫富智愚而生差异。人均有参与国政之天权,实行之则莫如代议政体。
>
> 自由论派口中之代议政体,乃当今欧洲各国亦已不多见之理想政体。彼冀尽量实行自由平等之原则,强调权利不因贫富智愚而有差异,主张普通选举;彼更反对人之意向因贵贱老幼而有区别,而主张设统一议院。彼对自由二字之尊重、对干涉保护等词语之避忌,均较其他论派深甚……
>
> 因此,彼主张一切与自由二字有关者,若言论自由,若集会自由,若信仰自由及教育自由等,其范围远较其他论派为广,直如抽象自由也。彼不独追求自由平等之目标,亦怀抱主权在民之宗旨,遂与改进论派同倡国约宪法。实则,此为彼时最大问题,亦其与帝政论派即彼时所谓保守论派显著对立之处。然该论派却并非帝政论派彼时所抨击之共和主义,彼所主张之自由主义虽广漠,却非欲遽而废君主政治而行共和制,毋宁说仅欲以其自由主义维持君主政治耳。
>
> 改进论派深察贫富智愚之差别,主张有限选举及两院制。就此而言,该派倾向个人自由,与帝政论派相近而与自由论派甚远。改进论派排斥政府干涉,主张人民自治,亦即倾向个人主义,此与自由论派甚近

第二章 围绕宪法制定问题产生的宪法思想的对立

而与帝政论派颇远。改进论派无视贫富强弱之悬殊,视优胜劣汰为世之常态,肯定限制政治自由,但对干涉人文自由似力加排斥。

改进论派与自由论派皆肯定主权在民说,反对帝政论派之主权在君论;然其说视帝室与国会为一体、主权之所在,援引英例而酌加取舍,此与自由论派互有异同。改进论派与帝政论派皆重视秩序及进步,反对自由论派之激进变革;然其以改良内治为主、扩张国权为次,则与帝政论派大相径庭。(参照铃木安藏《日本宪政成立史》第 5 章)

作为这一时期的外国宪法思想,自由党和卢梭的关系,以及卢梭作品的译者中江兆民较引人关注。

另外值得关注的是,影响改进党思想的英国宪法思想中,从实证主义立场出发、抨击自然法思想的边沁的著作也在这一时期被译到日本。

补充注释: 明治维新前后传到日本的发达资本主义国家的政治·法律思想,给明治宪法发布前的日本人的宪法构想带来很大影响,特别是英国的穆勒、赫伯特·斯宾塞以及法国的卢梭等思想家,给自由民权运动带来很大的鼓舞。

石田(上述著作第 51 页)聚焦穆勒和中村正直、严复的思想,分析了发达国家英国处于十九世纪"过渡期"的穆勒的思想和落后国家中国、日本处于同时代的《自由论》译者思想之间的微妙对应关系。我认为有必要将先于法国大革命的卢梭和《民约论》的介绍者中江兆民也加以同样的分析。

只是和穆勒、中村的情况不同,英国的边沁和法国的孟德斯鸠、卢梭等人所处的时代背景和政治背景与日本译者截然不同,即便日本译者全部正确理解了这些先进的思想,若要原封不动地把所有内容翻译过来无疑是很困难的。多数情况下,译者的思想或政治立场会限制他们所介绍的思想内容。因此,在明治初年,特别是在自由民权运动开展过程中翻译过来的政治、法律思想,其本意以及它是如何被日本吸收采纳的,有必要区别开来理解。

以英国为例,从 18 世纪后期到 1832 年(选举法修正)为止活跃着的边沁思想和之后的边沁主义是不同的,法国 18 世纪卢梭的启蒙思想和推动大革命的卢梭主义也不相同。即使在同一个国家,不同时代对于古典著作的理解亦有差别,所以在不同文化、不同文化水平的外国,这种差异无疑就更大了。

第三章　日本宪法学的成立

[明治二十二年至四十五年(1889—1912)]

第一节　大日本帝国宪法的成立

　　大日本帝国宪法(明治宪法)于 1889 年(明治二十二年)2 月 11 日颁布。这是岩仓—伊藤—井上路线的宪法法典化,是在包括参加自由民权运动的人在内的所有国民均不知情的情况下秘密准备的。对于这样秘密进行的宪法制定事件并非没有反对意见,只不过伊藤的宪法草案的制定是极秘密进行的,故而在草案拟定过程中除少许针对秘密出版的不满之外,明治宪法本身并没有引发公开的议论。但是,在最终审议草案的枢密院会议上出现了很多对立意见。当然,这种对立并不是自明治十四年以来存在的伊藤—井上路线和自由民权思想之间的基本对立,而是伊藤—井上路线和更为封建、更具反立宪倾向的思想间的对立。换句话说,天皇体制本身并没受到攻击,而是天皇体制内,天皇制官僚的开明政策成了封建阶级代言人的批判标靶。这一事件的发生,不仅因为枢密院的成员都是天皇制最上层的封建色彩浓厚之人,也是这个时代自由民权思想全面退化的表现。

　　在明治十四年政变中以英国式激进论成为主角、随后成为改进党领袖的大隈,此时作为黑田内阁的外务大臣也出席了枢密院会议,但他的出席次数出乎意料地少,且从来一言不发。

　　反对伊藤草案的是始终站在封建的反立宪立场上的森有礼。森有礼是明六社出身的自然权论者,对于所讨论的草案,他的反对做法有些复杂。由此我们既可以看到与加藤弘之不同形式的启蒙思想的末路——和权力相结合，又可以看到当时的自由民权思想全盘萎靡不振的实例。

在御前会议的讨论中，森有礼和伊藤之间最白热化的对立点主要为以下几点。

第一点，围绕草案第五条"天皇经帝国议会承认后行使立法权"中的"承认"一词展开的立宪政体争论。也就是说，围绕怎样看待天皇主权下的议会地位，双方观点各不相同。伊藤说：

> 观诸欧洲立宪国家，有德国式立宪政体，有英国式立宪政体；其权限解释或组织构成或有差异，大致要领却毫无不同。且创建政体而置责任宰相，则宰相既对君主负政治责任，亦须对议会负责。若命宰相同时负此两大责任，纵君主亦不可再令他人参与政治、操纵政柄也。由此观之，创制立宪政体将现如下局面，即天皇设责任宰相掌行政，致君主行政之权多少受限；而立法则非经议会承认不可制定法律。设此两项限制乃立宪政体之本意，无此限制则非立宪政体。又或者，以宪法粉饰此两项限制，亦非立宪政体之本义也。（清水伸《帝国宪法制定会议》第159—160页，着重号为笔者所加）

对此持反对意见的森有礼的观点可以总结为：第一，"承认"的结果是将天皇的大权分与臣民，这是我国未曾有过的怪事；第二，鉴于我国国体，立宪政治充其量有利于维持政务的公正，除此便无其他可能；第三，承认议会的权力，其结果必然是大小国事都要经过议会决定，政务势必变得繁琐；第四，即使召开国会，实际上聚集的不过是些没有学识经验的乌合之众，没有值得关注的价值。森有礼认为议会只不过是天皇的咨询机关，因此，他的结论是不应用"承认"这样的表述，用"赞襄"或者"经过议论"这一程度的表达就已足够。

佐野常民赞成森有礼的观点，提出了"翼赞说"。寺岛宗则也认为"承认"一词"稍显强势"，建议改用"承诺"。大致上反对"承认"一词的人居多，最终一致同意改为"翼赞",最后改为"协赞①"。② 从这一结果可以看出伊藤的两种态度：一是仿效西欧,表面上承认对议会的责任政治的态度；一是因为只是表面上承认,故而对于朝非立宪性方向进行的修改轻易便予以承认的妥协态度。③

第二点是围绕草案第二章关于基本人权之根本的相关问题。森有礼这样说道：

> 本章拟改臣民权利义务作臣民本分,其理由如下。权利义务之语可记入法律,而载之于宪法却甚为不妥。臣民一语,英语作 subject,乃相对于天皇而言者。臣民之于天皇自有其本分、责任,而无权利也。故重大法典如宪法者,明确人民对天皇应尽本分足矣,更无记载他事之必

---

① 协赞是指在日本旧宪法下帝国议会同意预算、法律等的成立。——译者注

② 起草者原本考虑的是"以赞襄行使立法权",把它修改为"承认",据说是参考了赫尔曼·罗斯勒的宪法私案《明治文化全集》第一卷《西哲梦物语》的"原规"及其意见。由此可以看出罗斯勒对制宪的影响,以及日本采取独特表现手法制定明治宪法的这一典型事实。

罗斯勒说："承认无上对下予以认可或授以权利之含义,乃双方意一致同意而表赞同、承诺及满意,更无他意。许可乃上对下,承认则互表意愿而无论地位高下尊卑。承认之于民法,乃其主要契约元素。何以谓之？他人所有之物,非经其本人承认,无论何人均不得使用也。至宪法,政府与议院间固无契约,然事关个人权利、独立与安全者,则须与民法适用同一原则。此即德国一直适用之法律及现行宪法之原则,非经臣民承诺,主权不得恣意处置臣民之身体及财产也。……"(清水,第 97 页,罗斯勒致伊东巳代治书)关于罗斯勒,可以参照铃木安藏的《宪法制定和罗斯勒》(1942·昭和十七年)。

③ 除此之外,关于国家组织另有下面几点激烈对立的争论：

一、草案第一条中的日本帝国,在寺岛、森、大木乔任、土方久元等人的主张下变成了大日本帝国。但是英译仍为原来的日本帝国,多半是出于伊藤的顾虑吧。

二、围绕紧急敕令的事后处理,森有礼方认为不需要议会的事后承认,伊藤则认为有必要向议会提出,在某种程度上明确大臣的责任。最后条文遵循原草案。

三、关于贵族院、众议院的名称问题,鸟尾小弥太、东久世通禧等人认为它推定贵族和人民的固有权利,分割君权,故不可取。相反,伊藤虽在君权不可分这一点持相同意见,但他以"就宪法进行学术争论时可参照其渊源之欧洲各国,但在活用实施宪法时须依据自身之国体和利益加以折衷变换"为由对草案加以说明,双方意见对立。

四、对于贵族院的组织由敕令产生,众议院由法律而定这一差别,山田显义持反对意见,他认为贵族院也应由法律产生。森有礼支持草案从而与他对立。在起草者说明贵族院令的特殊性后,大家在维持草案上达成一致。

另外,关于议会,以上述"承认"问题为代表,围绕法律起草、建议、上奏、议事运营等问题展开了详细的讨论。

要。（该书第 217 页）

此主张背后存在着扭曲了的自然权思想，"臣民之财产及言论自由等为人民天然所有，法律范围内予以保护，亦加以限制，故解作宪法立而此等权理始生，似有不可。愿以本分代替权利义理之说。"（该书第 219 页）

伊藤当然反对这样的人权否定论，他认为"森氏的修正说是反对宪法的学说"，遂提出以下正论：

> 第一限制君权，第二保护臣民权利，此本为创设宪法之精神。因之，若宪法不列明臣民权利，而仅记其责任，宪法之设实无必要。且无论何国，如不保护臣民权利，亦不限制君主权力，则臣民有无限责任，而君主则有无限权力。此正君主专制国也。[1]（该书第 218 页，着重号为笔者所加）

在这场论战中森有礼的赞成者几无一人，但论战过程中，双方并非是完全对立。比如，伊藤对森有礼的部分观点表示赞同。他说："有观点称，权利明记于宪法，则臣民即对天皇拥有权理，非也。然据此宪法之效力，臣民在法律范围内确对法律拥有权利。"这是理解明治宪法中的人权本质的线索。两者实际上并没有表现出来的那样大相径庭。

如上所述，在枢密院的御前会议上，围绕议会和人权这两大宪法问题产生了激烈的意见冲突。但冲突之所以未导致决裂而是达成妥协，皆因宪法起草者坚持"以君权为基轴，摒弃欧洲之主权分割精神，以期无损于君权"（清水，第 89 页）这一基本方针。就臣民的权利，从正面否定了近代的自然

---

[1] 关于臣民的权利和义务，争论并不是很多。

一、关于居住及迁移自由（第二十二条），东久世主张删除"自由"这一表述，山田考虑服兵役的义务等相关事宜担忧向国外迁移的自由，主张删除"迁移"一词，伊藤认为这特指国内，支持原草案。

二、关于宗教自由，鸟尾认为这会放任外来宗教，极为危险，但其提议未被理会。

三、比起争论的条款，此章中那些没有经过充分讨论而直接通过的条款，如第三十一条非常大权等，更是大有问题。而且值得注意的是，在此章作为例外所列第三十二条有关军人的条款，鸟尾提出修正案要求将官吏等同军人，然而没有成功。森作为文部大臣也指出，"学校教员不得进行或者旁听政治演讲，亦不得加入政党，其自由受限几同于军人；然宪法仅对军人加以监督约束，而对教员却未设限，此究竟出于何意？"（清水，第 246 页）

法思想。因此,关于天皇制(国体)本身的议论很少,更没有进一步就宪法本身进行本质上的争论。如前所述,这是因为御前会议上的对立是绝对主义官僚和本质上相同却带有更浓厚封建色彩的观念的对立,同其在阶级对立的自由民权论者的意见在此并没有反映出来。加之当时,还有一种浅薄的认识,只要宪法形式完备,即默认其为外来先进制度。

换言之,明治宪法模仿了普鲁士式的立宪主义。为何不是英美式立宪主义,而是特别把德意志联邦中的普鲁士作为榜样?就这一点并没有加以讨论。为普鲁士式的宪法制度、德国的宪法思想传到日本做出贡献的学者罗斯勒、斯坦因、格奈斯特[①]等人的学说对明治宪法的制定产生了怎样的影响?这对于研究嗣后日本宪法学状况具有重要的意义。关于这一点,待日后再做探讨。在此只对自加藤弘之开始的德国公法学的影响,对宪法制定后德国公法学在外来宪法思想中占据支配地位之事加以确认。

如此完成的明治宪法,基本采取了君主、大臣、议会、人权等规定齐全的立宪君主制的形式,分别在各章慎重地形成条文,努力做到不至过于民主化——不能使天皇制崩溃。同时,有关天皇、枢密顾问、大臣、议会、人权的各章也慎重进行了排序,以维持相互间的平衡。

它采取以天皇的章节为中心,其他章依次排开的形式,一边是关于国务大臣、枢密顾问的章节,另一边是议会、权利义务的章节。虽然保持着大致平衡,但作为宪政实体,人权→议会→天皇·大臣·枢密院,越是底层越被轻视的这种明显的排序是预想好的。

就各章来说,关于天皇,广泛的大权事项自不必说,赋予敕令的无限的权限(第九条、第八条)作为防止立宪化的手段在法律层面备受关注。关于大臣,宪法上没有承认内阁的连带责任,由此防止向政党内阁制的倾斜。

关于议会,承认贵族院在众议院之上,从整体上限制议会的权限。关于臣民的权利,只承认法律范围内的,而且不合原则的规定极多(决定性的是

---

① 参照《明治文化全集》第一卷、"西哲梦物语"(主要是格奈斯特的谈话笔记)、"须田因氏讲义笔记"中的简介。

第三十一条）。

　　当然这样的考虑大部分都是为了防止天皇制的民主化，但尽管如此，在制宪这一问题上，绝对主义天皇制的明治政权还是存在矛盾的。因此，探究明治宪法包含的诸多矛盾是如何从理念上得以解决的，或者说是如何加深的，成为此后宪法学・宪法理论研究的特色。

　　补充注释：从1960年到1962年，稻田正次A5版逾1900页的大作《明治宪法成立史》上、下两卷发行。此书自第一章五条誓文和政体书的发布开始，至最后第三十一章众议院议员选举法和贵族院令的起草为止，忠实地追溯了明治宪法的制定过程，是明治宪法成立史的实证研究成果。这对今后无论打算从哪个侧面研究明治宪法的人来说，都无疑是须首先研读的重要文献。我在总结以前的论文时如果参照了这部大作的话，肯定会相当方便且大有裨益。前面提到的家永的明治宪法思想史研究和稻田的明治宪法史研究，可谓是战后宪法学领域最大的成果。

　　在接下去的所有论述中，上述两人的成果都是再次探讨相关问题的有力基准。即便后文不再一一申明，这二人的成果对我都是有极大帮助的。

第二节　伊藤博文《宪法义解》

　　在枢密院召开御前会议之际，预先分发了以伊藤博文为中心，井上毅、伊东巳代治、金子坚太郎等人合力完成的草案理由书。当时只是逐条说明书，之后在此基础上修改形成了"宪法"文本。在宪法颁布后，又经草案起草者（金子除外）加上学者们（穗积陈重、富井政章、末冈精一等[①]）共同讨论修改，以伊藤博文的名义，以《大日本帝国宪法义解》为名于同年6月出版。《宪法义解》当然不是政府的出版物，其见解严格意义上也不能说是官方的，但从几位作者皆是宪法起草人这一点来看，可以说它的内容是半官方的。

[①]　阪谷芳郎："伊藤公与国家学会"（《国家学会杂志》第24卷第7号）。

而且，与当时不断涌现的速成解说①不同，它是经过充分考虑并以一定的体系贯穿起来的。

《宪法义解》的体系与明治宪法的体系基本相同，都是绝对主义性质的宪法理论体系。而且，从其具有近代宪法典的形式便可以看出，此绝对主义并不是十七、十八世纪的欧洲古典绝对主义，而是十九世纪中叶资本主义国家的绝对主义。质言之，我们从中可以看出他们一方面受到欧美各国先进的宪法思想、宪法制度的深刻影响，力图尽可能地将其运用到日本宪法中，另一方面又想要努力保持绝对主义国家的本质。以下《宪法义解》的内容充分体现出这一点。

《宪法义解》虽然默认宪法典的必要性，但却消极看待宪法的意义。"非依宪法而表新义，乃固有国体依宪法而日益巩固"（岩波文库版《宪法义解》第 22 页）。其基本态度是："国体"是永恒的，宪法只是巩固国体，而不是进行改革；明治宪法并非创造了新的明治国家，而是既有的明治国家作为一个政策创造了宪法。因此，认为宪法没有全面体现出日本国家是理所当然的。所以，与永恒的国体相比，宪法所决定的政体在政治上的重要性微乎其微。

其国体的中心是天皇。关于天皇，明治宪法使用了"总揽统治权"一词，使得乍看之下天皇是否是主权者含糊不清，这成为之后上杉和美浓部论争（下一章）的焦点。《宪法义解》在第四条的说明里明确了天皇的主权："总揽统治权乃主权之体也，依宪法条规而行之乃主权之用也"（第 27 页）。此天皇主权在御前会议上顺利通过，宪法颁布后各报纸解说也予以认可，可以说是当时几乎毫无疑义的通说（当然，持反对意见的学说能否自由出版是个问题）。在此基础上，天皇如字面"神圣不可侵"（第三条），"不得以不敬之意亵

---

① 根据铃木安藏所著《宪法解释资料》（1936・昭和十一年）的序文，宪法发布后随即公开发行的宪法解释书仅在当时判明的就有 60 余册，没有判明的估计也有数十册。在该书的文献目录中有列举。主要作者名字如下：

穗积八束、有贺长雄、关直彦、高田早苗、中野省吾、今村长善、土屋弥十郎、织田谦吉、辰已小次郎、矶部四郎、元田肇、志方锻、山田喜之助、江木衷、涩谷慥尔、丸山名政、园田赉四郎、金山尚志、金子辰三郎、坪谷善四郎、汤浅诚作、井上操、渡边亨、涩谷可六、上野太一郎、竹村银次郎、合川正道、光妙寺三郎、城数马等。此外还有当时在主要报纸、杂志上匿名发表的作者。

渎其身体,亦在指斥言论之外"(第25页),即不可批判甚至提及。在这一点上,明治宪法完全否定了近代宪法关于君主的观点。这岂止是君权神授说,从中甚至可以窥见天皇即神的宪法学说萌芽。

《宪法义解》让"国体"成为异乎寻常之物后,在此基础上对明治宪法的政体做如下考虑。它明确否定十八世纪末流行的、三权分立君主掌行政权的权力分立论。而且为避免被指责过于专制,宣称"宪法即为给国家各机关部门规定适当权力、使之拥有经络功能者",由此考虑天皇统治下的机关设置。此处所指的立宪,谈何议会主义,与十八世纪欧洲式权力分立论也毫不沾边。只不过宪法钦定、主权自制、各国家机关的权力分立被认为是立宪的,而不管其实质内容如何。就此而言,如何看待立宪主义是今后探讨学说变化的一个重要线索。

对于在内阁、议会、法院这三大机关中通常应是立宪主义中心的议会,《宪法义解》是如何解释的?关于议会的权限,伊藤博文开始主张"承认",被森有礼反驳后遂妥协改为"协赞",这在《宪法义解》中也强烈体现出来。即议会"有议法权而无定法权"(《宪法义解》第65页),且"议会非只参与立法,亦间接负有监督行政之责"(同页,着重号为笔者所加),否定议会直接监督行政。伊藤在御前会议时曾承认的宰相对议会所负责任(参照第42页),被改为原则上对天皇负责,"裁判其责之权专属一国之主权者"(《宪法义解》第86页)。在此基础上巧妙变成承认以下三点:"第一,大臣固有之职务在于辅弼之责任,非代行君主之责任也。第二,大臣对君主负直接之责任,对人民负间接之责任。第三,裁判大臣之责者,在于君主而非人民"(《宪法义解》第87页,着重号为笔者所加)。因为大臣的责任被限定在"辅弼",而且只能通过辅弼的对象(天皇)间接对人民、对国会负责,事实上这根本不能称为责任政治。不过,它承认对人民(实际上是对议会)承担的大臣责任(非内阁责任),虽说是间接的,这点值得肯定。伊藤博文的理论特色在于,每当问题发生,总是一边适当维持平衡一边推进解决。直接采纳欧美的宪法观,仅限于问题出现之前,且限于不触碰国体的情况下。

最后,关于臣民的权利义务,《宪法义解》将其追溯到日本的"典故旧俗","上致爱护尊重之意,待之以邦国之宝,下服从大君,自视为幸福臣民"(第46页),彻底否定天赋人权说。臣民的权利作为法律上的规定(参照《宪法义解》第52页,第二十二条解说),并没有明确权利的客体。

　　站在上述基本原则立场上的《宪法义解》,在明治宪法制定之初可以说是最正统的解释。

　　严格说来,至此所述部分构成了日本宪法学说史的前史。也就是说,构成下一节所述学说之前提的大日本帝国宪法典、使之推动的宪法理念、使之诞生的宪法思想等百相都已讨论完毕。但是,在前史的最后部分必须强调的是,宪法典绝没有将明治国家完全体现出来。明治国家设有天皇、内阁、大臣、枢密院、枢密院顾问等既具有宪法性又不被宪法约束的制度。另外,还有军事机关、宫中等宪法完全没有涵盖的制度。加之使之运行的国体这一观念具有宪法性的同时更是超宪法的。如果不把这些宪法外的理念、制度也一并考虑的话,便不能正确理解明治宪法的实态,从而不能正确理解明治宪法学说。于是宪法学和政治学、历史学、社会学等,偶尔甚至和伦理学、神学交叉,产生出许多难以理解的研究领域。

　　如果将所有这些因素统统考虑进去加以归纳的话,可以看出宪法起草者们创造出来的明治国家机构是由政治性的＝宪法外的制度(封建色彩浓厚)和法律性的＝宪法内的制度(近代特色强烈)相互制衡而构成的。其次,如前章所述,仅从宪法典也能看出,宪法起草者们慎重考虑了宪法的外观所表现的立宪性和构成其实体的封建性间的平衡,以及宪法典的外观(条文)本身所含有的近代性内容和制约其近代性内容间的平衡。在保持所有这些平衡的基础上创造出了一个可以容纳既有宪法性又超然于宪法之外的天皇统一体系。如果换个词语来描述这个政治体系,那么天皇制就像弥次郎兵卫[①]一样,经常左右摇摆,看上去是不安定的,实际上却拥有一种不安定的稳定性,即使受到极大的冲击也不会倒。这种左右摇摆的特性作为不同学

---

① 日本著名动漫《龙珠》里的角色。他好吃懒做,独来独往,不会奇功,但是实力却远超常人。他胆小怕事,却总能在关键时刻救主人公孙悟空一命。——译者注

说的基本特色,在以后的宪法史上不断发展。

第三节　穗积八束的宪法学

穗积八束在德国留学 6 年(1884・明治十七年—1889・明治二十二年)后于明治宪法颁布之年(1889・明治二十二年)回国。回国不久便接连不断地发表关于明治宪法的论文,而且自宪法颁布之年开始作为东京大学法学教授担任宪法教席,直到 1912 年(大正元年)8 月退休,持续讲授宪法达 24 年之久。

据说穗积在德国留学期间,曾在海德堡、柏林、斯特拉斯堡等多所大学跟随舒尔茨、拉班德、佐姆等多名教授钻研欧洲制度发展史、公法学(《穗积八束论文集》第 14 页)。当时为了制定明治宪法赴欧洲考察的伊藤博文及其智囊军师井上毅对他的留学寄予厚望。这并不仅仅是因为穗积作为宪法研究者声名远扬,如同本书第 67 页所述,在明治十四、十五年的主权争论中,他作为反对民主学说的君主主权论者已广为人知。

穗积从 1889 年(明治二十二年)到明治时代结束,作为最正统的明治宪法解释学者完成了自己的学问生涯。他之所以能成为日本宪法学最早的系统化建设者,有如下原因。

第一,他继承伊藤—井上观点的同时,基于封建家族制度国家观,以德国式公法性描述对已确立的天皇制(绝对主义国家)加以说明。这种说明方法,与站在绝对主义官僚立场、始终考虑封建意识形态和近代法外观之间平衡的伊藤—井上相比,在某些方面封建色彩更加浓厚。但是另一方面,他致力于创造法理上没有矛盾的宪法学体系,无可否认其理论比伊藤—井上的更具合理性。不管怎样,他是公认的伊藤—井上的继承者,这是毫无疑问的。

第二,穗积宪法学在表达官僚阶级立场的同时,也代表了在天皇确立期仍占支配地位的寄生地主阶级的意识形态,所以它能够容易地成为占支配地位的公认学说。因此,自始它便遭到自由民权派民主思想倾向的强烈责难,这种责难在日清、日俄战争后,随着资本主义的飞速发展和地主阶级比重的减少而日渐增强。到了明治末期,它甚至成了学界孤儿般的存在。尽管如此,它在整个明治时期都是公认的(不仅仅是占支配地位的!)学说这一点不曾改变。

第三,东京大学作为天皇制官僚的培养地有最高的权威,穗积在东京大学的 24 年间一直垄断宪法教席也是重要的事实。美浓部在大学毕业后没能留校而不得不去政府机关工作,或者,即使留校也不能讲授宪法,从这一事例便能充分看出穗积宪法学的垄断地位(《文艺春秋》,1958·昭和三十三年 9 月,美浓部亮吉"即便如此天皇也是机关")。

穗积在这 24 年间从事了大量的写作活动。最早的比较系统的是自宪法颁布第三天起他在法科大学的演讲内容笔记"帝国宪法之法理"(《国家学会杂志》第 3 卷第 25—31 号,收录在《论文集》中)。1910 年(明治四十三年)他整理二十年来的旧稿,完成初版《宪法提要》上、下集,这可谓是他的宪法学说集大成之作。此期间他的著作还有明治宪法的逐条解说《大日本帝国宪法讲义》(1889·明治二十二年)、其一生中卖出 20 万册的《宪法大意》(1896·明治二十九年)、晚年写就的《在皇族讲话会上的帝国宪法讲义》(1912·明治四十五年)等等。论文集有在他去世之后编集而成的逾千页的《穗积八束博士论文集》(1913·大正二年,增补版 1943·昭和十八年)。通过这些著作,特别是其代表作《宪法提要》及论文集可以对他的宪法学说一窥全貌。穗积宪法学的《宪法义解》与下一章将要论及的划时代的美浓部宪法学之间有着微妙的差异。我们边对比思考两者间根本性的对立点,边将穗积宪法学的特征概括如下。

一、穗积宪法学的框架

穗积八束一回国便直面宪法的颁布(时间上如此一致是偶然的还是刻意安排的无从断定),他于此前几日撰写了"新宪法之法理及宪法解释之心得"(1889·明治二十二年)一文。这篇回国后的处女作似乎是匆忙中完成

的,想法没有充分整理好,不过他之后强调的重点则在这篇论文里毫无避讳地明确表达了出来。论文内容可概括为以下五点:

(一)帝国宪法乃钦定宪法。

(二)宪法颁布仪式即宪法修改仪式,亦即改立君独裁制之不成文宪法为立宪君主制之成文宪法之大典。

(三)新宪法颁布后之日本,乃立宪制君主国,而非议院制君主国。

(四)我国国体与新宪法发布后国体之法律联系,并不因新宪法颁布而断绝。

(五)宪法成典或非宪法整体,故若需就我新宪法释法,日本国体史自不待言,如不抵触新宪法,古来法令习惯亦可加以参酌判断。(《穗积八束博士论文集》第10页)

若进一步归纳以上五点,首先是(一)和(四)所体现出来的国体论。根据其观点,明治维新当然不是革命,由君主自上而下制定的宪法不会改变国体。对国体和政体的严格区分是穗积宪法学最大的特色,对后来的日本宪法学所产生的理论影响也最大,是主张明治维新、宪法颁布前后国体连续性的理论武器。而且,他所指的国体,是以独裁君主为核心的。他在该论文中写道:

现今欧洲大陆各国之立宪制度,多为革命大乱之余所出。革命骚乱之余所出之宪法,概皆灭旧国体而兴新国体者也,一改政治世界而别创新天地者也,古来之国体与新宪法无法律联系存焉;或曰,新宪法即为断绝法律联系而设之者也。其能保存法律联系者,独裁君主所颁钦定宪法也。所谓革命宪法、国约宪法与钦定宪法之法理区别似尽在此。(《穗积八束博士论文集》第4页,着重号为笔者所加)

需要注意的是,他认为钦定宪法"非讨论国宪制定之程序,乃讨论既定法典法律效力之差异"(第4—5页)。这与他关于国家和法律的独到理论相互关联。

第二,(二)和(三)所体现的政体论。他认为,宪法颁布后的日本虽然从立君独裁制变为立宪君主制，但没有成为英国那样的议院制君主国。立宪君主国不同于独裁制，它实行权力分立，设有国会，但这个国会不过是"参与主权之用"的立法机关，与拥有主权、作为立法机关的议院制君主国国会不同。此处他将权力分立看作是立宪制的特色，却丝毫没有触及君权的权限。可以说这是自《宪法义解》后的倒退。

> 路易十四之"国家即朕"可谓名言，君主制之法理尽在其中矣。立宪君主国之皇帝为唯一统御主体，主权即皇权，法律即敕诏，否则非真正君主制也。近代法理既非君主制，亦非民主制，更不承认另存有限君主制。是以德法近世诸公法大家力主议院制君主国与立宪制君主国有别，遂论定议院制君主国非真正君主制。（第8页）

第三,（二）和（五）所体现的宪法学方法论。穗积并不认为成文宪法典的完成有多么重要的意义。他不仅把明治宪法的制定看成是宪法修改，把宪法典看成是宪法的一部分，广泛认可自古以来的法律习俗的活跃空间（在当时法律尚不完善的情况下，作为法理是套用外国法律还是沿用日本自古以来的法律，结果会有很大不同。着重号为笔者所加），而且他认为臣民的权利原本应属于行政法，即便已写在宪法典中。这些都源于同一宪法观。

> 宪法整体与宪法成典之范围未必相同，自不待言。以宪法之名所颁之成文律，其中或为可入宪法之条规，或多为涉及行政法、私法等条目，阐明政治道德之主张而无关法律之条文亦屡见不鲜；反之，属宪法范畴而以寻常法律或敕令形式所颁者亦不少见。如普鲁士国即曾就上院之组织、下院之选举法等宪法之最紧要部分以寻常敕令颁布法条，而在欧洲诸大国，将行政法范畴之臣民权利分条列入宪法法典，毋宁说已属惯例。论者有误之为宪法应有之形态，以宪法之核心在确定被治者对治者所拥有之权利界限，而竟不深究宪法法理。盖论者陷入此等谬误者，乃因混淆宪法之成文与宪法之本体，可断言也。（第6页）

此外，第（五）条暗示着穗积对宪法学领域历史性研究方法的重视，它是以国体史为中心的。

从上面所归纳的国体论、政体论、宪法学方法论这三点中可以看出随后发展起来的穗积宪法学的框架。接下来我们主要根据穗积的代表作《宪法提要》，来看看它们是如何展开的。

二、国体论

与政体论严加区分的国体论是理解穗积宪法学的关键。这一概念上的区别几乎支配着日后的日本宪法学，但在学说内部这种区别的比重绝不相同。穗积认为国体论有着特别的重要性。这一国体论，经历了穗积宪法学在学界中的支配地位几被取代后，在具体的政治中远离宪法学独自延续生命、但仍时不时地给政治投以涟漪这样一个特殊的过程。所以，我们应该注意它的意义远不止单是一种宪法思想。

穗积称，"专从法理观察国家，极为重要显著之特征在于主权在谁；然表之无贴切词语，故专用'国体'，以便解说法理。"（《宪法提要》增补版第 29 页，着重号为笔者所加）

但是，这主要是从法理上以最抽象的方式考虑的国体，到了分析某宪法采取什么样的国体、某国家的国体是什么，穗积便没能仅从法理层面观察，而是融入了历史性、社会性的事实，充分考虑了政治性因素。

所谓国体，即"国家组织中主权存在之形态"（该书第 29 页），换言之，即"将怎样的自然意志视作国家主权之问题"（第 39 页）。而且这并不是由宪法新规定的，而是作为"历史的成果"由"国民的信念""民族一致的信念"来决定的。因此，难以从理论上整齐划分国体的类别，只能大致区分君主国体和民主国体。如此一来，"国体"一词便基本变成了"泛指国家民族特性"的通用语。穗积宪法学的不明确性就在于它把通用语的国体和法律用语的国体时而区分，时而混用。

日本的国体自然是君主国体。"以特定个人之自然意志充实、构成国家之法律意志，为君主国体之特色。君主之意志即国家之意志，君主与国家等同，君主即国家。此即君主国体之纯然观念。"（第 45 页，着重号为笔者所加）在日本这个特定的某一人当然就是指被认为是千秋万代的天皇。我认为"君主即国家"只是逻辑上的飞跃,在此我们需要注意这一观点在穗积宪法学中扎根的过程。

穗积不仅把君主国体看作是相对于民主国体的一个分类,而且他对二者做出价值评价,认为民主国体综合人民的自然意志使之变为国家意志,这一方法较为困难,而相比之下君主国体是简单明了的国体。他通过与欧洲的国体,特别是立宪君主国的极不明了的国体观念作对比,强调日本国体的明确性。

那么,日本国体的社会性内容是什么?其家族制度性国家观如下。

> 家、国本无二义。一家成一国,一国成一家,子孙同崇祖先,得其威灵护佑,互偎互依,相亲相爱,以全共同生命。家长之位乃祖先威灵之所在,现世之家长代居其位,护其子孙,服从家长之权即服从祖先威灵。而皇位乃一国天祖威灵之所在,现世天皇代居其位,以统治天祖所慈爱之民族子孙,服从民族大权即服从天祖灵威。国乃家之大者,家乃国之小者,此为我民族建国之大本,国体之渊源在兹也。[①] (104—105页)

以上国体论构成穗积国家论的核心内容,并且在衔接国家论和宪法论中起着重要作用。

穗积自诩他的国家观为"国家全能主义"(《法理精华》第3卷第17号,1889・明治二十二年,第6卷第33号,1890・明治二十三年,《穗积八束博士论文集》第149—152、189—195页),如字面是"国家主义",与欧洲的民族主义所持的民族意识和民族主义倾向完全不同,它强调国家=天皇的权力是万能的。在明治二十年代逐渐发展起来的民族主义思想中,穗积可谓是昭和时期超国家主义思想的先驱,是最右翼的思想之一。

穗积关于国家和法律的理论非常重要。他认为国家是拥有自身存在理由的历史性的存在,它先于宪法・法律而产生,继而制定出宪法和法律,但是反过来宪法不会创造国家。因此,他虽采用从社会性、法理性两个角度来

---

① "家制及国体"《法学新报》第13号,1892・明治二十五年,收录在《论文集》中)也是同一宗旨。

观察国家的双面理论,但实际上社会性起着决定性作用,而在法理性核心的宪法理论中融入国体观念,致使从法理性层面彻底考察国家变得相当困难。

三、政体论

国体由主权在谁决定,与此相反,"政体由主权(统治权)的组织形式"决定(第 55 页)。穗积强调严格区分国体和政体观念,但问题在于他的政体论的发展是否和他的国体观完全无关?

穗积的政体论中最重要的是对立宪政体的看法。他在《宪法提要》中对专制政体和立宪政体的异同点进行了比较,在另外的论文中对立宪政体专门和议院制进行了对比论述,这已经在前文(穗积宪法学的框架)中提及。他说,"立宪政体乃以权力分立为原则之政体,专制政体乃以权力垄断为原则之政体"(《宪法提要》第 56 页),"立宪制乃使国会与政府分立对峙,最高权力处此二机关之上并对其加以统一、调和之政体,德意志诸国及北美是也;议院制乃以国会为最高万能之权力、使政府隶属其下之政体,英法诸国行之。"("议院制及立宪制"《明义》第 2 卷第 2 号,1901·明治三十四年,收于《穗积八束博士论文集》)主要通过权力分立对立宪制加以说明是穗积博士政体论的特色,他对立宪制的说明完全脱离了君权的限制[①]、议会的开设、成文宪法的制定、通过议会进行的民主主义倾向的强化、通过宪法典中的人权保障进行的民主主义倾向的强化等。如果看自英国革命到光荣革命的英国宪法史,就会发现立宪制度并非通过权力分立,而是随着资产阶级化的议会势力的壮大而确立的。而且在法国大革命的《人权宣言》里,表述权力分立为宪法所固有也不是只讲权力分立,而是同时讲到了人权保障。穗积无视这样的事实,主张立宪制=权力分立是另有用意的。

---

① 关于第四条,《大日本帝国宪法讲义》(1889·明治二十二年)排斥天皇自身限制大权的解释,明言"所谓'依条规而行之'即'一'之命令,亦即第一对各政治机关、第二对一般臣民之命令","何也? 因决无总揽国家统治权且神圣不可侵犯之天皇陛下以其自身之命令监督限制其自身之理"(第 35—36 页)。铃木安藏曾引此处(《日本宪法学的诞生与发展》第 62 页),称在明治三十四到三十五年的《帝国宪法讲义》中此处在表述上有所变化,然而我并没有感到有何变化。

穗积在《宪法义解》中否定权力分立,且在著作撰写初期(二十年代)并未加以重视,但是后来他把权力分立看作立宪制的"轴心",试图用此理论来解释明治宪法的政体。之所以会这样,是因为无论在理论层面还是实际政治层面,议院内阁制的倾向均变得越来越强的缘故。他指责英国式的议会内阁制不是立宪制而是议会专制,没有让政府和国会进行分权·对立,而是让政府从属于国会,从而进一步从属于国会内的多数政党派。于是他以"专制"为理由,制止将英国式的政治观带入到明治宪法解释中来。他承认权力分立论正是出于此目的,显然制止君主·行政权的专制并不是重点。破坏政府和国会平衡的举动、政党、议院内阁制、众议院权力优越等想法,都被他以立宪制的名义加以否决。贵族院和众议院同权的观点也是基于同一根据,即权力分立论。

穗积在"国体之异说与人心之倾向"(《太阳》第18卷第14号,收于《穗积八束博士论文集》中)中提出政府和议会的对峙、贵族院和众议院的同权以及大权独立是日本政体的三大纲目要点(《穗积八束博士论文集》第889页)。"维持大权独立,乃为明正皇位主权之名分,以期大政统一。"(第889页)

穗积对作为明治宪法政体重心的立宪制加以说明时,把政府、议会、法院之间的权力均分作为核心,极度戒备议会的权力超越政府。而且,作为明治宪法的国体,他强调皇位·天皇位于三权之上统合三权,"大权独立"使得国体论和本该与之严格区分开来的政体论错综交杂在一起。

所谓"大权独立",或曰"大权特立"(《国家学会杂志》第12卷第137号,1898·明治三十一年,《穗积八束博士论文集》第407—411页),其直接含义即"宪法特以某种政务专属于大权者,其有关事项不容议会干涉"(《穗积八束博士论文集》第409页),看似是让国会和政府的对峙维持公平,但事实上如果进一步思考就会发现,它其实是一种基于"议会是根据宪法产生的,而天皇并非如此"这种政体论之上的观点而形成的思想。超宪法的天皇和根据宪法成立的内阁结合,以政府之名,时而和国会平等,时而比国会地位优越,体现了一种恣意的逻辑结构。由此,不知何时,《宪法提要》中的"大权政治"项将三权分立论——政府·议会·法院,亦即行政权·立法权·司法权——中的"行政权"改写为"大权",称三权中"施政之核心,论名论实均属于大权,较之其他,此或为明显特征。以其势言之,可称为大权政治,因之,得与所谓议院政治比对也。"在这一点上,把政府和议会的对峙,也就是立宪制和大权的独立作为同一政体的重心是相互矛盾的。特别是后者,虽然它是穗积的真实想法,但是超出了政体论的范围。

实际上我们有必要将当时本应讨论、但实际上却没有关注的事项捡拾起来,与政府和议会的对峙、大权的独立等问题联系起来加以探讨。假如真正均衡地考虑政府和议会,对与政府相关的大权独立问题加以讨论的话,那么势必要将和议会相关的立法权的独立,即将与大权事项并列的立法事项(基本的人权)的固有领域加以探讨。然而,穗积的权力分立论是压制议会的理论,天皇拥有固有的权力,但是议会和臣民并无自身固有的权力,所以,立法权的独立、立法事项不受行政权干涉的问题并没有被关注。在明治宪法下,国会参与立法权仅为内部性质,对外并不拥有任何权限和职能,臣民"以绝对且无限从属于国家、服从其权力为其本质"(《宪法提要》第 191 页),故按穗积理论言之,国会实际上不可能与政府形成对峙。

四、宪法学方法论

铃木安藏认为穗积宪法学是解释明治宪法的正统派,属于历史法学派。穗积的方法论与他自己多次引用的以萨维尼为代表的德国历史法学派有多少共通点虽然值得商榷,但是他强调宪法研究应采用历史方法确属事实。

> 我国法学社群由司法法律家与立法法律家构成。恕我直言,司法法律家只看法之现在而不看过去,立法法律家只看法之未来而不看现在,法之过去则无人反思。("我国法学社群冷落法史之怪象",《法理精华》第 2 卷第 7 号,1889·明治二十二年,《穗积八束博士论文集》第 128 页,着重号为笔者所加)

明治维新以来,立法自不待言,在法律解释和适用层面也融入了西欧的法学观念,急于运用这些观念的日本法学界被指责欠缺历史性方法并无不妥。但是,在日本这种明治前后分别拥有不同性质的法律文化、何谈连续性简直是断层明显的国家强调用历史性方法的时候,有必要进一步具体讨论强调历史性方法有着怎样的意图。

穗积强调用历史性方法,首先意味着对基于自然法思想的自由民权性宪法论的否定。明治宪法是钦定宪法成为穗积理论的现实性支撑。

> 所谓民约说,将人组成国家之由来归于众人自由约定。此于史无据、违背法理之空想也。纵有此事实,则个人过去一时之承诺,其效力岂可永远约束民族多数邪?于法理不可解也。盖人之构成国家如血族之组成家,为社会进化之自然结果,其始或出于无意,后生自觉而固之者也。(《宪法提要》第 196 页)

第二,他的历史性方法,严格说来与法理性的、由私法理论构成的宪法论相悖,虽然当时还不是有意识的。对国家法人说的模棱两可的态度和对天皇机关说的反对等是其中一种体现。

第三,他的历史,不是沿普鲁士等欧洲历史去追溯明治宪法的源头,而是作为国体史首先追溯日本自身的历史,试图在此基础上理解明治宪法。因此,虽然对于天皇等内容他从历史角度进行了分析,那也是完全未和外国制度进行比较而得来的结果。根据所分析的制度决定采用历史法学而非比较法学的研究方法,这是穗积的一个显著特征。

第四,与外国的制度进行对比时,他反对学界与外国现行制度做比较的风潮,强调和与日本国情相似的欧洲的古时制度进行比较的必要性。比如说,寻求家族制度国家观的依据,可以采取和基督教以前的古希腊、罗马、古日耳曼进行比较的方法。(前述"家制及国体")

总之,穗积的历史,站在明治日本的国体(天皇制)和支撑它的家族制度意识形态作为日本亘古不变之物存在的前提下,若外国有相似处便引之,若没有,便作为日本特有之物而自夸。因此,他的历史虽然回顾了过去,却没有任何发展,也没有发现任何可能引发发展的问题。这是平淡呆板的历史。

第三章　日本宪法学的成立

所以，即使只看明治维新，对于国家和法律的形态变化的分析及其原因等他几乎不感兴趣，只是指出了天皇制仍然存续的事实。

他认为明治宪法的制定不过是宪法修订也是出于这个原因。穗积不承认国家的基本组织结构，特别是基本的人权由宪法这样一部法典来体现的历史意义。

"宪法是统治国家的根本准则，是国家自己宣布其国体和政体后上下以此为准则的大法。"（《宪法提要》第76页）他采取的是所谓的固有的意义，而且是实质意义上的宪法概念。当然，并不是他无视其他宪法概念的存在，只不过在阐述宪法一词用例的多样化时，他只说明立宪主义意义上的宪法概念，列举了三权分立的内容，而对基本人权只字未提（第76页）。对于立宪制的解释亦是如此。①

补充注释：铃木安藏1975年的《日本宪法学史研究》一书，是他在悲叹战前日本宪法学史的不振，经历包括战争时期在内的四十年左右的断层后重新归纳而成的宝贵著作。

此书第一编"日本宪法学的典范"探讨了伯伦知理、格贝尔、拉班德以及耶利内克和德国国法学；第二编，作为明治宪法颁布后不久的宪法思想，列举了伊藤博文的《宪法义解》、合川正道的《政治学》，以及市岛谦吉的《政治原论》。合川正道是被家永视为日本宪法学开创者的法学家。

---

① 穗积的《宪法提要》结构如下：
第一编 国家
第一章国家，第二章国体，第三章政体，第四章宪法
第二编 统治的主体
第一章皇位，第二章皇位继承，第三章摄政，第四章皇室
第三编 统治的客体
第一章总论，第二章领土，第三章臣民，第四章臣民的权能
第四编 统治的机关
第一章总论，第二章帝国议会，第三章帝国议会的构成，第四章帝国议会的职权，第五章政府，第六章国务大臣，第七章枢密顾问，第八章法院
第五编 统治的形式
第一章统治权总论，第二章大权，第三章大权的范围，第四章命令，第五章大权命令，第六章代替法律的命令，第七章行政命令，第八章条约，第九章立法权，第十章法权的范围，第十一章法律，第十二章预算，第十三章司法权，第十四章行政

第三编"日本宪法学的形成"列举了一木喜德郎的《国法学》讲义、有贺长雄的《国法学》上、下卷、井上密的《大日本帝国宪法讲义》。第四编"日本宪法学的发展"中美浓部达吉的《日本国法学》、《宪法讲话》登场。接着介绍了副岛义一的《日本帝国宪法论》、上杉慎吉的《帝国宪法》、穗积八束的《宪法提要》，以及清水澄、佐佐木惣一的宪法学说。

穗积八束是明治宪法下最正统的日本宪法学创始人，与之抗衡的是绝对主义天皇制框架内的美浓部的宪法学说，我认为日本宪法学是以这二人的对立为中心发展起来的。当然这两大中心周边存在着若干宪法学说，我并没有无视它们的存在。

第四章　日本宪法学的重整

［明治四十五年至大正八年（1912—1919）］

第一节　上杉和美浓部论争

　　明治宪法制定后历经二十多年，到了1912年（明治四十五年），即将迎来明治时代的终结。这一年发生了划时代的宪法论争，长期占支配地位的穗积宪法学被赶下宝座。同年，上杉慎吉的《国民教育帝国宪法讲义》和美浓部达吉的《宪法讲话》两部著作几乎同一时间面世，成为论争的诱因。前者是应某县教育协会的请求编纂的讲义，后者是文部省主办的中等教师夏季讲习会上的演讲速记。虽然两者都是基于相同的对象和相同的教育性、启蒙性观点编写而成，但在很多内容上对比极为鲜明。美浓部斥责对方"以国体为借口，一味鼓吹专制思想，压制国民的权利，要求其绝对的服从"，是"乔装改变的专制政治主张"，极不适合国民教育。与之相对，上杉则反驳美浓部学说是"应该绝对排斥的""关于国体的异说"。

　　如此开始的论争从明治四十五年到次年大正二年（1912—1913）刊载在多期《国家学会杂志》、《太阳》等杂志上。不仅上杉和美浓部二人反复争论，而且此争论发展成为二分公法学界的大论争。这场论争不仅触及到大家几乎都避讳的明治宪法的根本问题，并且与一般国家学·宪法学的基本问题有深刻联系的理论斗争成为核心。在此意义上，可以说这场论争在日本宪法学说史上空前绝后。①

---

　　① 星岛二郎编集：《上杉博士对美浓部博士最近宪法论》（1913·大正二年）所收录的16篇论文是关于这场论争的代表性论文。

这场争论并非所有的论点都是一致的，所以归纳起来较为困难。其中一方的当事人美浓部将他自己的主张归纳为以下七点：

一、国家是一个团体，拥有法律上的人格。也就是国家法人说。

二、主权、统治权是属于具有此团体性人格的国家的权利。

三、国家是法人，故而任何时候均通过机关行动。

四、因国家机关不同会产生政体的区别。

五、国家机关中必定有一个最高机关，根据这个最高机关的组织形式如何而有君主国、共和国之分。

六、君主国和共和国、立宪国和专制国等是政体上的区别，与政体区分开而使用国体的概念在学术层面是不正确的。

七、即使在君主国，君主也并非作为个人的权利拥有统治权，而是作为国家的最高机关总揽国家统治权。因此，权利的主体并非君主。

美浓部认为以上理论不仅限于日本，是适用于任何一个国家的一般国家学成果，所以他将其套用于明治宪法。

作为穗积宪法学的继承者，上杉慎吉完全站在此主张的对立面上。而且，他所有的驳斥最终都是和国体论相关联的，这是此次论争的一大基本特色。

穗积在他绝笔之作中批判美浓部的国家法人说，他说，产生于德国的国家法人说是君主主义和民主主义调和的产物，尽管如此，"虽然没有任何必要，我们三两个论者却试图将它移植到我国"，"总之，不过因为外国有现成的学说样板，就想提前准备好模仿它来解释我们的国体"。因此，他指责天皇机关说也是否认皇位主权的国体异说。

上杉认为美浓部学说罔顾宪法第一条的规定，主张天皇不是统治权的主体，而是大多数人，即日本人民结成的团体（日本帝国）的机关，天皇是为该团体工作的人，所以归根结底天皇是全体人民的佣人。这是把日本帝国当作民主国体，当然是与日本的国体不相符的。

对比穗积—上杉学说和美浓部学说，两者最明显的差异是前者把国体和政体进行区分,使国体的法律内涵(根据主权在谁进行区分)包含有历史意义(例如国情),从而使国体成为比政体更重要的概念,而后者则完全从宪法学中去除了国体这一概念。虽然两者的中间存在着只运用国体的法律内涵的多数学说,但是上杉和美浓部二人关于国体的宪法见解实是迥然相异。宪法理论结构的逻辑不同,对于同一术语更是有着截然不同的语感。

　　国家法人说的对立若从主权论的立场来看的话,是一种很奇妙的对立。因为穗积—上杉同样看待主权和统治权,所以天皇总揽统治权也就意味着统治权在天皇,即天皇主权。美浓部虽然承认天皇拥有主权(这一点至今几乎未被关注,一般只笼统地认为美浓部推崇国家法人说,主张国家主权),但是将其解释为天皇是国家的最高机关,统治权在国家(《时事宪法问题批判》所载"国体问题与宪法",1913·大正二年,自第44页)。从法理上把统治权作为主权的上位概念来考虑,有些解释不通,且和主权的一般用法也是相矛盾的。美浓部在这里并没有触碰《宪法义解》以来公认的天皇主权说,作为宪法论,他把实质性的统治权从天皇转移到国家,尝试着对国家的统治做出合理性、立宪性说明。贯穿美浓部论点始终的是,强调与天皇主权相对的国家主权。尽管美浓部博士自身对主权进行了说明,但是我们可以认为美浓部宪法学事实上排除了政治层面必然会涉及的主权概念。

　　美浓部的学说剔除了历史性、政治性的内容,故而对于天皇是国家机关这一宪法论是从民法、商法视角来解释的。《宪法义解》因为要采用立宪制,所以承认天皇的自制。穗积—上杉学说不承认对君权的限制(第61页注),而美浓部在某种意义上承认从外部对天皇的限制。

　　对于这种基本的对立,与明治二十年代不同,舆论及多数学者都倾向美浓部一边。穗积在"国体之异说与人心之动向"(星岛编著收录)中对于美浓部的学说写道,"若偶有一两人大论其过错,便有许多报纸杂志等对其痛骂,反倒为异说而大加争辩",不仅如此,他叹道:"也有自称公平稳当论者抑制正论的发表,称提倡异说亦属言论自由,故发表对其攻击的议论可谓不合乎情理。"由此可以洞察舆论的动向。如市村光惠一样,学者中也有为数不少的人发表"谴责上杉博士"(星岛编著收录)之类的论文明确反对上杉。通过这场论争,从明治二十年代末逐渐积累的明治宪法的立宪性解释,使得此前被公认的穗积学说不再占据支配地位。

当然,这样的争论及其结果并非偶然发生的。这个变化是在日清、日俄战争后日本资本主义以惊人的速度发展、资产阶级参政进一步扩大——众议院资产阶级代表的增加、政党内阁色彩强烈的西园寺内阁的成立(1906·明治三十九年,1911·明治四十四年)、从第一次宪政拥护运动开始松缓了军部大臣现役制的山本内阁(1913·大正二年)等等——的基础上发生的。对于《宪法义解》所建立起来的谨慎的平衡,从半封建的地主阶级立场加以解释的穗积学说,换成了从资产阶级立场进行解释的美浓部学说。不管怎么说,二者的不同在于维持平衡的方法,我们需要注意到平衡本身并没有被打破(当然不可否认,客观来看美浓部学说中曾有过打破平衡的时机)。

但是,二人维持平衡方法上的不同,不仅体现在前面所述基本原则上,在具体的国家机构运用方面也悉数出现了激烈对立。根据美浓部本人在1913年(大正二年)的所述内容,二者的对立点可整理如下:

> 我在《宪法讲话》中所述很多观点均和他们的学说(上杉·穗积学说)不同,比如,他们在说明立宪政治的本义时,仅以形式化的三权分立加以说明,认为英国的政治如议院内阁政治并非真正意义上的立宪政治。与此相反,我认为立宪政治的本义在于让国民参与政权,即君民同治乃宪政的要点。而且,英国可谓是立宪政治的发源国,是宪政最先进的国家。他们认为议会不是国民的代表,只是君主统治的官府。与此相反,我认为议会是国民的代表,和行政官府性质完全不同,国民通过议会参与政权。此外,他们只承认议会是立法机关,否定它是行政监督机关,所以国务大臣不必对议会负责。与此相反,我认为议会既是立法机关同时也是行政监督机关,所以大臣须对议会负责。此外,关于君主在宪法方面的大权、立法权的范围、法律和命令的界限,以及其效力的大小、紧急敕令的承诺、国务大臣的地位、宪法的最高解释权、臣民的自由权等,宪法方面几乎所有问题我都和他们的学说意见相左。如果按照他们的学说,立宪政治不过是一纸空文,实质上和专制政治毫无区

别……我认为他们的学说实际上埋没了我国明治维新以来的大方针政策。(前述《国体问题与宪法》第8—9页)

问题在于,被美浓部达吉批判为专制的学说实际上并非与明治宪法的精神(明治维新以来的大方针)背道而驰。

补充注释:不可否认,穗积八束的宪法学说是明治宪法体系下最早的系统性的宪法学说。铃木安藏的《日本宪法学的诞生与发展》把穗积宪法学说定义为,"他通过汲取和批判旧普鲁士宪法主义正统学者们的学说,创下了作为日本宪法学所公认的、正统的创始人该有的业绩。"(战后版,第40页)我也认为穗积宪法学继承了岩仓—伊藤—井上这些明治宪法起草者们的宪法思想,虽有些偏右,但作为"正统派"书写了宪法学史。

对于这种宪法学界公认的看法,家永三郎在《日本近代宪法思想史研究》一书中写道:"将穗积·上杉一派看作正统学派,将一木·美浓部一派看作异端学派已是相当普及的常识,但是我对穗积究竟是否是正统学者实际上存有很大的疑问,至少对他作为宪法学者初现学界之时能否称得上是正统心存疑惑。"(第129页)

家永之所以提出这个质疑,是依据在帝国大学讲授宪法学的穗积八束于《宪法义解》完成后,在共同审查会上"由于井上的意见而被故意排斥"(第129页)一事,以及穗积八束在自己的著作中对《宪法义解》的论点进行了指摘。只不过对于穗积八束所说的"排斥",据家永引用的《明治宪法成立史》的作者稻田所推测的理由,"大概是因为对刚回国的八束会提出怎样的学说稍有些担心吧。"(第883页)穗积八束在2月上旬结束了四年半的留学生活刚刚回国,似乎是按帝国大学对教授的要求,自2月16日开始了对《宪法义解》的共同审查,而此时他对宪法还没有阐述明确的看法。而且,八束正是得到"排斥"他的井上毅的推荐,才作为"此时重用"之人得以与伊藤见面,并接受井上、伊藤的建议而将目光投向了德国(长尾龙一1974年所著"穗积八束",载于《日本的法学者》)。井上、伊藤不可能在八束有确切的"学说"根据的情况下,在共同审查会上使其落空。而且,《宪法义解》本身作为对明治宪法的解释有着相当多的妥协之处,不仅是穗积,对于和《宪法义解》的论点持有不同主张的学说需要进行全面的评价。

家永把当时宪法学者的观点分为天皇主权说和天皇机关说，（家永自己也承认了这种分类的不合理性！）提出"将所谓的机关说宪法学作为宪法制定之初'正统'宪法学的预想"，并为证实这一"预想"而介绍各学说。因为在东京大学持天皇主权说的只有穗积一人，所以穗积学说遑论正统，甚至被批判为异端。像长尾在论文中生动描述的一样，穗积八束本身是个无趣之人，就像一个异端分子。

对于家永提出的问题，我们有必要对其中的两个论点加以讨论。

第一点，"正统"到底是什么？这里有必要讨论一下宪法学说的评价基准。如果把宪法看作国家的根本大法，那么作为评价宪法的有力基准就应该是如何看待该宪法对国家的规定。在这一点上，无论穗积还是美浓部，本质上并没有什么不同，他们都承认绝对主义天皇制，都认可将天皇作为支配者的"国体"。

两者的不同点在于，穗积把国体看作宪法学的根本，而美浓部将国体从宪法学中排除。有意把国体（天皇制）从宪法论中排除的宪法学，在明治宪法体系下是不可能成为正统宪法学的。在国体方面，特别在明治宪法颁布之时继承岩仓—伊藤—井上一派的是穗积八束，"他的主张所凸显的权力色彩，在关注他五年留学成果的人们的眼里，反映出来的是对权力赤裸裸的迎合。"（长尾，前述著作第 103 页）"对权力赤裸裸的迎合"的宪法论无疑是最适合当时藩阀政权的宪法论。

第二点是关系到思想史研究的根本问题，是必须区分思想家和该思想家所表现出来的思想论点。以十九世纪的英国和法国大革命前后为例，我已经指出我们不应该混淆边沁和边沁主义，以及卢梭和卢梭主义。边沁的思想和他去世后流行的边沁主义并不相同，卢梭也是如此。最关键的是时代背景不同，所以即使是同一思想，它在政治方面、社会方面所发挥的作用也存在差异。

穗积也是如此。穗积的宪法学一旦发表，它就已经和作者的意图无关，而是随着时代的变化发挥着不同的作用。特别是他去世后的影响，与有无上杉慎吉这样忠实的继承者并没有必然关系。由于1935年(昭和十年)的"天皇机关说事件",天皇机关说成为国家禁止的学说,之后十年,穗积和上杉相继去世,但是穗积宪法学却得以复活,穗积的代表作《宪法提要》被广泛阅读。此书第一版在1910年(明治四十三年)发行,1935年(昭和十年)发行修订增补第五版,1944年(昭和十九年)发行第九版。

穗积宪法学并不只在明治宪法颁布之时以及十年战争时期作为"正统"学说而存在的,像家永所阐明的一样,在看似被学界孤立的"大正民主"时期以后,它仍然通过学校教育广泛持续地影响着普通国民的宪法意识。从绝对主义天皇制的确立到崩溃,穗积宪法学始终持续发挥着"护持国体"的作用,对于日本宪法学来说,它无论如何也不能被称为异端邪说。

铃木虽然在1967年的《宪法学三十年》中特别关注到家永的批判,但是他并没有想要推翻这种看法,仅指出"有需要充分反思的地方"(第92页),而没有尝试任何反驳。但是在同一页,不知道是不是为了巩固自己的学说,他详细引用了我的"宪法学史"(《日本近代法发展史》丛书第7卷),故而我也不得不关注家永的批判。

在论述穗积宪法学说章节的最后(第119—120页),铃木又以加注的形式介绍了1938年(昭和十三年)12月14日从八束的嗣子穗积重威那里听来的极为有趣的速记,是关于八束和元老山县、桂太郎、寺内正毅如何深交的。如果借用家永的论述,这一证言将成为八束宪法学说曾是正统派的有力证据。至于铃木是否是为了加固自己的学说而引用了国会图书馆馆藏的"穗积重威氏谈话速记",我们无从知晓。思想家的人际关系虽然有助于我们理解他的思想,但也仅限于此。

第二节 美浓部宪法学的兴起

一、反穗积的宪法学

在上杉和美浓部论争之后,取代公认的穗积宪法学的是更具资产阶级立宪主义性质的宪法学,在实力壮大前,它经历了相当长的准备期。1889年(明治二十二年)以后的宪法学说当中,曾经与岩仓—伊藤—井上的官僚性宪法思想交锋过的自由民权性宪法思想已几乎销声匿迹,但是从以官僚性宪法思想为理论基础的德国公法学的研究中,慢慢衍生出许多致使日本宪法学重组的学说。下面举其中主要的二三学说加以介绍。

首先是有贺长雄,他于1889年(明治二十二年)就已经公然反对穗积八束的"帝国宪法之法理",主张"穗积八束先生解释的帝国宪法的法理有误"(《宪法杂志》第6、7、8号)。有贺的学说借鉴了伯伦知理、施泰因、格奈斯特、伦内、舒尔茨等德国和奥地利的学者,和穗积的不同之处在于他较为忠实地引进了这些学者的学说。有贺批判道:"穗积博士所主张之处……(天皇即国家的主张)……此乃称'朕即国家'从而引起革命的路易十四的专制主义。"(《宪法杂志》第6号,括号内为笔者所加)有贺的立场是天皇机关说,他从该立场批判了穗积的大权无限制说等。①

其次是美浓部的直接或间接的老师、东京大学教授们的学说。1886年(明治十九年)从德国、奥地利留学归来,担任国法学讲座的末冈精一,《宪法义解》共同研讨会的参加者之一,前面已提及其名。根据他的遗稿《比较国法学》(1899・明治三十二年)可知,他明确站在国家法人说一边,反对专制主义性质的天皇即国家说。尤为引人注目的是他在"宪法的通俗解释法"(《国家学会杂志》第3卷第30号,载于前述遗稿集中)中所主张的严肃的宪法解释态度。即他主张在解释成文宪法时,宪法章条的说明应该以语句本身的意义为中心,其次才考虑历史性事实和学说,这与穗积主张的特殊历史主义是对立的。

在年纪轻轻便去世的末冈精一之后接任国法学教席的是1894年(明治二十七年)刚从德国留学归来的一木喜德郎。一木喜德郎是直接教过美浓部博士的老师,如美浓部自己所说,"恐怕大学三年(明治二十七—三十年)

---

① 有贺博士的主要著作有1899・明治三十二年的《国家学》、1897・明治三十年的《帝国宪法讲义》、1901—1902・明治三十四—三十五年的《国法学》上、下册。

我听的众多讲义中对我影响最大的就是这位新锐青年学者(一木当时 28 岁),甚至后来我选择公法这个专业大概也是当时就注定好的。"("退休随笔",1934·昭和九年 4 月改写,登载在《议会政治探讨》)

一木并无论述国法学、宪法学的完整著作①,因而较难理解其学说,但据川濑清太郎所著《君主主权说国家主权说宪法法理对照》(1901·明治三十四年)可知,其说采国家法人说、天皇机关说立场,明确承认主权在国家,在政体问题上则主张立宪君主国,即"立宪君主国规定国家意志者为君主与议会之共同体,民主国家规定国家意志者为议会;各政体之无限主权均在国家,君主及国会仅作为国家机关而拥有统制权限而已。"(铃木《日本宪法学的诞生与发展》,自第 77 页)从此引用中可以看出一木的学说有着美浓部宪法学的原型。

二、初期的美浓部宪法学

美浓部达吉 1897 年(明治三十年)毕业于东京大学,在内务省工作两年后经一木推荐回东大读研,在宫崎道三郎的指导下专攻比较法制史。去德国、法国、英国留学三年,回国后马上担任了比较法制史课程(1902·明治三十五年)的教学工作,一直持续到 1911 年(明治四十四年)。美浓部在 1908 年(明治四十一年)又接替一木讲授行政法课程。东京大学的宪法课程由穗积教授担任,后传至上杉慎吉,到美浓部时已是 1920 年(大正九年)。因为这个时候宪法开设了两个教席。本章所述时期,美浓部的研究对象是以英法德的公法为中心的法制史,再者是行政法。他把德国新兴的一般国家学(尤其以耶利内克为中心)作为基础理论加以研究并作为自用,但对于日本宪法的看法是零散的,或是仅限于启蒙性的,所以说这一时期美浓部宪法学仍在摇摆之中,尚在成长期。

在此期间,美浓部与宪法有关的写作活动主要以可谓处女作的《日本国

---

① 一木有一本在德国留学期间完成的著作《日本法令预算论》(1892·明治二十五年),之后还有一些关于"国法学"的作品。

法学》第一卷(1906·明治三十九年)和引发上杉·美浓部论争的《宪法讲话》(1912·明治四十五年)为主。以《宪法讲话》为分水岭，特别是围绕《宪法讲话》展开争论之后，美浓部博士的研究内容发生了明显的变化。通过收录在《国法学资料第一册人权宣言论》(耶利内克著，美浓部达吉译，1906·明治三十九年)、《国法学资料第二册宪法及宪法史研究》(1908·明治四十一年)中的论文可以看出，明治年间美浓部以欧洲的宪法史("欧洲成文宪法的发展""十九世纪英国国会的发展""法国宪法的百年变迁"，均收录在《宪法及宪法史研究》中)研究为中心，顺带也有对以耶利内克为主的德国公法学的介绍，而对于日本宪法所发表的意见，仅限于表明他对宪法的基本态度层面。

不过，在《宪法讲话》和论争之后，美浓部虽然在宪法方面仍没有系统的著作问世，但是如收录在《时事宪法问题批判》(1921·大正十年)中的诸多论文所揭示的那样，美浓部博士对于宪法问题的言论已触碰到很多当年的重要问题，其政治特征也变得相当明显。这个政治特征是指在天皇制绝对主义框架内的，无论是积极意义还是消极意义上，它都是资产阶级要求的宪法版。

在上杉·美浓部论争中仅在立宪主义方面表现较为突出的初期美浓部宪法学到底贯彻得如何？接下来将加以详细讨论。

三、宪法学方法论

美浓部对于日本宪法的态度乍看之下似是历史性的，但实际上极为缺乏历史性因素。即，美浓部是在欧洲宪法史潮流的基础上来看待日本宪法的。他认为德国宪法史是连接先进的英法宪法史与日本宪法的中间项。因此，英、法、德、日所有宪法都可以作为同一历史范畴来把握国家、宪法、立宪制、议会主义、大臣责任制等，从而无视或者轻视了各国历史性发展阶段的不同，以及各国固有的宪法观、制度。于是，美浓部把欧洲宪法史的标准照搬到日本宪法中，把超出标准的部分——国体、神权说的天皇，以及其他许多专制要素从宪法中(仅从宪法中)小心剥离出来，力图用其基于明治宪法的规定之描述对其加以实证性、合理性的说明。不用说这自然变成了对明治宪法进行的超越本体的立宪性说明。在一般国家学的方法论中，不管多么先进的理论都必然存在这样的优点和缺陷。在对各个条文的解释上，美浓部的标准和明治宪法的偏差屡屡令美浓部感到困扰。于是他对自己的宪法解释进行了补充，主张学理及法理与法律条文无关；①法律条文的解释不应只看表面上的文字；②法律之所以作为法律具有实际效力是因为国民的自觉性。③

四、资本主义性质及其局限性

在上杉·美浓部论争中，美浓部学说唯有较具立宪性的特征颇引人注目。但是，除了将其和穗积—上杉学说进行对比，其学说本身也存有一些值得我们深入探讨的问题。

美浓部在他的处女作《日本国法学》中使用"国体"概念，将国家权力机关组织的区别、共和政体还是君主政体的区别都看作是国体的区别。但是，在该著作中他又主张立宪政体和专制政体也不仅仅是统治权行动形式有所不同，还在国家权力机关组织上有区别，所谓的政体性分类和国体性分类在本质上是相同的。然而他在《宪法讲话》中虽然使用的是同一理论，却舍弃了"国体"这一术语，将行使统治权机关的不同所带来的区别统一归结为根

---

① "余曾谓立法权非由君主所独行，此断似与宪法明文直接矛盾。宪法定君主总揽统治权。总揽者，按诸一般意义，即掌握一切之意也，故立法权亦须由君主所独行，不待言也。然宪法之此类规定为学理上之观念性规定，并无直接作为法规之意义。统治权是否全部仅专属于君主，应视宪法整体决之，而不得仅凭此条而定也。"（"论法律之裁可"，1904·明治三十七年，《宪法及宪法史研究》，第154—155页）

② "近来，我国论法学者可见如下倾向，即动辄以法律文字作为法之唯一渊源，视法学为法文解释学，以解释法律文字为治法学之能事。更有甚者，认为国家之法学观念亦可以宪法文字定之。此类倾向，余深信其阻碍吾国法学之进步，悲之也。"（同文，同书，第156—157页）

③ "法之作为法而有效力，其根本依据在国民自觉"（出处同上）。此论意为解释法律应依据国民自觉。其最为朴素的描述为，（美浓部）博士以之为主张"议会乃国民之代表机关"（1905·明治三十八年论文，同书收）的如下论据，即"法律之学本为实际生活之学，法律上之观念均以吾人实际生活之信念为基础。所谓议会乃国民代表，即吾人实际生活中无可置疑之信念也。"（同书，第282页）

据政体分类不同所致。这大概是由于普遍使用的"国体"这一术语有可能引起混乱的缘故。从这一经过中我们可以看出美浓部宪法学的前进足迹。

虽然从宪法学中去除国体一举作为明治宪法的解释论意味着形式上更趋合理化，但是统治权的主体是国家，把国家内的天皇、国会、国民一律看作是国家机关，作为分辨现实的科学论，便产生出天皇特质被抹杀的缺陷。另外，美浓部通过考虑将主权问题视为国家最高权力机构——按照一般的国家法人说、天皇机关说认为主权在于国家这一逻辑——将极具政治性的主权问题也从宪法学中排除，从宪法学中排除了国家权力的本质论。当然，这种宪法学态度是美浓部对法学的法实证主义态度的逻辑性结论，不能把它剥离开进行批判，问题是美浓部虽然从宪法学中剔除了国体，然而他并没有否定穗积·上杉所考虑的国体。对于批判他的宪法学是反国体的观点，美浓部屡次发表如下承认国体的主张进行反驳。

> 日本的国体之所以是其他国家无法比拟的，我们需要弄清其原因究竟是什么。一言概之，我认为可以归纳为皇室的尊严和国民的忠君。这其实是日本最大的优点，国运昌盛也完全因为这个优点，所以必须要传承和尊重这一优点。（"国体问题与宪法"，前述著作，第65页）

虽然美浓部自己予以否认，但事实上他对国体是尊重的，这从他的宪法论中可以看出。比如，在和上杉的争论中，对于上杉在"宪法的欠缺"（《国体宪法及宪政》）中完全摒弃皇统所进行的论述，以及其所使用的"所谓天皇"的表达方式，美浓部均进行了反驳，说他违背了"两千年来的民族信念"，使用了"不够严肃的文字"等。而且，不仅限于论文的研究对象或是表述层面，甚至在逻辑内容层面也充分体现出来。

在宪法解释上承认立宪君主制，同时又尊重作为社会现实而存在的绝对君主制，美浓部的这种二元论在其宪法论中时有体现（特别是在初期较为明显），不过更多的体现在他的宪政评论类文章里。

作为国体论的延伸，下面我将试着分析一下当时美浓部对于有关天皇的诸条规定的解释。在明治宪法中，关于天皇的这些规定，是思考其他国家机关的权限、了解人权的关键所在。

美浓部国家法人说的逻辑推理的结果就是采用了天皇机关说,这一点自不待言。但虽然同为国家机关,天皇是国家的"直接机关",其大权从国法上来说当然是属于天皇的,不是被委任的权力。但是,其他的国家机关,比如说官吏,直接是君主的机关,由君主委任来行使政务,所以间接成为国家机关。美浓部意图通过区分直接机关和间接机关来回避天皇机关说把天皇看作最高官吏这一指责(《宪法讲话》缩印版,自第65页)。我们需要注意的是,如资产阶级革命后的立宪君主制(那是真正的立宪君主制)一样,此处他有意避开了君主是第一位的市民、君主是最高的公务员的思想。

因此,在美浓部看来天皇是国家机关,通过宪法第三条("天皇神圣不可侵犯"),天皇的无责任从法律上扩大到了"道义上"。① 特别需要注意的是,和下一时期的理论不同,此时他认为天皇的一切行为都无可批判。

就天皇敕令与规定须有国会协赞的法律之间的关系,历来的学说对立法事项(第二章臣民的诸权利)的理解均是有局限性的。与此相反,美浓部对立法事项的理解是广义的,他认为第二章各条只不过是例示而已,在这一点上,美浓部的观点更为近代化。但是,在广义理解立法事项的基础上,美浓部认为第九条的警察命令可以限制所有的立法事项,这比当时的一般学说更扩大了敕令所规定的范围。但是,他对第九条的解释本身是严格的,唯有对"警察"的目的这一点的解释比一般学说激进。如此,如果从详细的解释论来看美浓部的立场,不可一概而论将其和其他学说加以比较从而断定某一个倾向。但可以肯定的是,无论是"论立法权和命令权的界限",还是讨论"关于紧急敕令"(均为登载在《宪法及宪法史研究》中的论文),他都在有

---

① "君主无责任之范围,学者通常仅解作法律上之无责任。以余观之,此说并不恰当。君主之无责任亦含道德意义上之无责任。所谓德义上无责任,意为批判君主某种行为、谴责其当否乃于法不合。就此而言,德义上之无责任亦法律问题也。"("大臣责任论",《宪法及宪法史研究》,第210页)

宪法义解亦明言,所谓天皇神圣不可侵犯,极而言之,即天皇'在指斥讥讽对象之外'之谓也(《宪法讲话》,第90页)。从这一点上可以看出,关于天皇,他完全和伊藤流派持同样的观点。

意识地强调作为国民代表机关的议会的作用。在这一点上,可以说其极具资产阶级性质。

虽说美浓部宪法学是资产阶级性质的,但又不能说它一定是民主的。换句话说,日本资产阶级虽然落后,但是在日俄战争后发展到垄断资本主义阶段,作为帝国主义者摒弃了资产阶级民主主义,这一反动侧面在美浓部的宪法中也有所体现,那就是殖民地的宪法问题。

认为本国的宪法不宜用于殖民地,想要专制性地支配殖民地是资产阶级宪法的传统(法国1791年宪法第八章)态度,美浓部也不例外。他认为明治宪法中关于国家机关的部分可以适用于朝鲜、台湾地区,而第二章并不适用。所以,他认为拥有"宪法成立之前便拥有无限权力"的天皇想要进行怎样的统治都可以,即使议会协赞天皇进行统治,也不过是政策的权宜之举罢了。此处完全看不出有让殖民地人民代表加入议会的意向。"比如,假定将来吾国于非洲等野蛮地扩张领土,其野蛮人民编入我国领土即享有并保障其宪法上之权利,且非依经议会协赞之法律,其自由及所有权必不受侵害。论者果有勇气持此主张乎?"("论律令与宪法的关系",1905·明治三十八年,《宪法及宪法史研究》第266—267页)这种观点虽然与明治初期启蒙性宪法思想的开设议会为时尚早论性质相同,但是它所起到的政治作用却是不同的。在中国的日本租借地关东州也存在同样的问题("是否该在关东州实行帝国宪法",1918·大正七年,登载在《时事宪法问题批判》中)。"所有的法律都是社会生活中的法律,所以特定的法律均伴随着特定的社会而存在,宪法也是为了约束宪法制定时的日本社会而制定的,故而对于宪法制定后从属于帝国统治的新的社会来说,宪法当然不能完全发挥其效力。"(该书第153页)这是其法理上的根据。

五、上杉慎吉的宪法学

以上杉·美浓部论争、穗积八束去世为界,穗积宪法学的影响力逐渐衰退,而以美浓部宪法学为中心的立宪主义宪法学的力量渐次强大。究其原因,根本上是因为构成天皇制根基的阶级关系发生了变化,加之从主体性条件上来说,穗积的宪法讲座以及继承其学说的上杉慎吉宪法学理论结构薄弱,单是政治性的强化无法应对时代背景下新的宪政状况。

上杉在宪法方面的著作以引发争论的《国民教育帝国宪法讲义》(1911·明治四十四年)为代表,还有明治时期的《帝国宪法纲领》(1912·明治四十五年)。其著作主要集中在大正时期,如《帝国宪法述义》(1914·大正三年)、《议会政党及政府》(1916·大正五年)、《帝国宪法》(1921·大正十年)、《国家新论》(1921·大正十年)、《国体论》(1925·大正十四年)、《国家论》(1925·大正十四年)。昭和时期的著作有《宪法读本》(1928·昭和三年)、《大日本帝国宪法讲义》(《现代法学全集》,1928·昭和三年)。他初期(到1916·大正五年为止)的宪法论文主要收集在《国体宪法及宪政》①(1916·大正五年)中,从中我们可以看到上杉宪法学的基本特色。

读《帝国宪法》可知,留学(1909·明治四十二年回国)前的上杉曾反对穗积学说,甚至曾持国家法人说、国家主权说、天皇机关说。他说,"西游研学期间,予深感我国体乃万国无双;日本建国基础无与伦比,国史发展迥然有别,其国家基础即宪法之本质自然与彼不同。"(穗积《宪政大意》的短序)上杉确立了这种信念,但是回国后他一改之前的立场,转而成了穗积宪法学的继承者。也就是说,1909年(明治四十二年)后他的学说出现了中断,一般所说的上杉学说是指明治四十二年以后的学说。

上杉宪法学的第一个特色是,穗积将国体与政体严加区分,认为国体是不变的,而上杉则从国体本身出发对国体加以详细论述,渐渐远离了固有的宪法理论。他的主要著作《帝国宪法述义》(增补版)大约有600页,其中论述国体的部分占了五分之一以上。不仅是论述篇幅长,他的国体论除了一般所说的国体论外还包含了天皇、领土以至臣民,甚至自由权也在国体的部分进行了论述。在这一点上,与穗积相比,他的国体概念更加广泛,内容是

---

① 著作、论文的目录登在《国家学会杂志》第43卷第5号中。该目录中没有列出来的文献,铃木安藏在1947年的《明治宪法和新宪法》中自第64页起列举上杉留学前所著《帝国宪法》(1905·明治三十八年)、《比较各国宪法论》(1906·明治三十九年),对其初期的学说进行了说明。

超历史的,是固定的。①

第二个特色是,他对明治宪法体系下的立宪制尽可能地从狭义上加以解释。上杉抨击英国式的议院政治是议院的专制,在"立宪政体是权力分立的政体"(前述论文)上,他和穗积看法相同,而且在保护天皇制尽量不受资产阶级所掌权的议会影响这一目的上二者也是相同的。但是,上杉明确反对穗积把议院政治看作是立宪政体的一种、一定程度上尊重议会的立宪意义的观点(前述著作,130—131页)。从这一点上也可以看出上杉学说作为非立宪学说,是穗积学说的纯化。

第三个特色,尤其到了大正时期,在几乎所有的时事宪法问题上上杉学说都和美浓部学说相对立,这种态度是上杉宪法解释的一大特色。上杉批判以美浓部为首的、源自法国、当时已成为一种新倾向的自由法说,抨击它是社会本位主义、国家破坏主义的"突飞运动"("自由法论之过",1913·大正二年,收录在前述著作中)。而且,比如说,对于政治上的不得已而支出剩余资金的行为,他批判以"实际需要""国家的目的"等作为理由,随意左右宪法解释的态度,主张不管一时有多么困难,宪法都应该是强硬的("宪法的解释和运用",1915·大正四年,收录在同一书中)。并且,上杉的各个解释都是站在上面所述基础之上的,所以他的学说落后于政治动向,逐渐变得不符合统治阶级的要求也是在所难免的。

对于各个宪法制度的解释,在此似乎没有论述的必要。虽说上杉的学说在法学界逐渐变得不再占支配地位,但是他长期担任东京大学的宪法教席,也广泛对社会问题②发表意见,所以他的影响力绝没有消失。如果考察昭和国体论的复活,这种社会影响力不可忽视。

---

① "穗积博士宪法提要国体推翻历史结果,而并未详论上述国体何以永久不变。故予驳穗积博士,虽未责其承认国体轮变,亦恐诸生心存疑惑矣。"("国体及政体",1911·明治四十四年,《国体宪法及宪政》第118页)

② 从《妇人问题》(1910·明治四十三年)、《日本人的大使命和新机遇》(1921·大正十年)、《政治上的国民总动员》(1921·大正十年)、《亿兆一心的普通选举》(1926·大正十五年)等著作中可以看出。

第三节　民主论与宪法学

明治末期,与一木—美浓部宪法学一道反封建反专制的宪法学,在上杉·美浓部论战之后向主张原理的正当性迈进一步,对宪政展开了具体批判,开始完善丰富自身的理论内容。这与前述穗积八束去世(1913·大正二年)后正统学说的萎靡不振形成了鲜明的对比。

新宪法学否定穗积宪法学,意图对日本宪法学进行重整。大正期间,发生了两场护宪运动,民主运动大有进展,新宪法学的实践本质因此得到强化。新宪法学与日渐盛行的民主论并驾齐驱,相互产生了深远影响。在民主论领域,特别是吉野作造的宪政论,可以说使美浓部宪法学在政治学方面也发挥了作用。正因为是政治论,美浓部在宪法学中谨慎回避的政治论的各种问题都得以正面论述,这弥补了当时新宪法学的不足,明确了政治本质并指明了方向。

我之所以在此提及非宪法学者出身的吉野,是因为新宪法学为了与政治色彩浓厚的穗积—上杉宪法学抗衡,有意识地采取法律理论形式,我感到想要理解包括其政治特征在内的新宪法学的全部,从某种意义上讲,有必要了解和它站在同一立场、对同一问题加以政治性讨论的学说。正如信夫清三郎所说,"给大正时期民主运动以理论指导的,正是政治学者吉野作造和宪法学者美浓部达吉二人。"(《大正政治史》第4卷,第1356页)况且,宪法论本来就既具有法律性质又带有极强的政治特征。

吉野宪政论的核心是民本主义理论,是针对"说明宪政的本质,论述其善始善终之法"(《中央公论》1月号,1916·大正五年,载于《吉野作造博士民主主义论集》第1卷)而展开的理论。

据该论文所言,欧美所使用的"民主"一词包含两个"截然相反的概念"。其一是"国家的主权法理上在于人民",另外一个则是"国家主权活动政治上的基本目标应在于人民"。前者被译为民主主义,后者则被译为民本主义。① 吉野研究的是民本主义的目的和具体的政策内容。

此民本主义,把主权问题看作是与自己无关的完全不同的概念而束之高阁,不与天皇制相对抗,这一点与国家法人说(国家主权论)偷换君主对人民这一主权问题的实体的做法不谋而合。吉野以政治学者的作风,批判国家主权说绝谈不上是定论,他认为国家主权说"基于把国家这一社会学概念置换到法律学讨论之中"("评所谓天皇亲政说"1916·大正五年,前述著作第 139 页),正如比利时宪法的解释所言,国家主权说源于对超越人民与君主之别的国家进行抽象考虑的结果。更重要的是,吉野与国家主权说之间在原理论上还只是微有差异,而在对现实的制度批判上,二者间出现了相当大的不同。吉野虽然对于事关主权问题的民主主义避而不谈,但是在事关主权运用问题的民本主义方面,积极推进他的主张,这在宪法学者中很难见到。也就是说,他通过政治民主化和民权保护,克服了上杉式的以天皇为中心的民本主义,他主张的政治改革理念和具体的策略超越了美浓部只重视人民形式上的政治参与的民政主义。

吉野所寻求的近代宪法的特色,在形式上宪法拥有高于法律的效力,实质内容包括三种规定:(1)人民权利的保障;(2)三权分立主义;(3)民选议院制度(《全集》第 1 卷第 16 页)。根据吉野的想法,宪法之所以拥有高于法律的效力,政治理由在于对民权的保护,在三权分立中应该主要关注司法权的独立,归根结底,人民的权利保护贯穿于他的宪法观当中。吉野站在人民的

---

① 关于民主与民本的区别,宪法学者上杉慎吉已在 1913 年(大正二年)的论文"民本主义与民主主义"(收录于《国体宪法及宪政》)中进行了论述。尽管区分的方法相同,但是民本主义的具体内容当然是不同的。它仅指"君以民为本"这一君主统治的基本政策。

吉野采用"民本主义"一词,应该是想使用这个词的一般用法,某种程度上是为了掩饰。美浓部在"近代政治的民主倾向"(1918·大正七年,收录于《时事宪法问题批判》)中,用基本相同的逻辑,将法律、形式意义上的民主主义与政治意义上的"通常所说的民主主义"加以区分,认为后者"难以简言概括,总而言之,从消极意义上来说,它要求尽量减少与国民意志相反的、对国民自由活动的外部压迫,从积极意义上来说,它要求尽可能让国民广泛参与国家政治,尽可能遵从国民的意志实行政治统治(前述著作,第 403 页,着重号为笔者所加)",谓之"民政主义"。此民政主义,一般认为它不仅与日本的"国体",与军国主义、国家主义也都非对立关系。美浓部故意不用"民本主义"这一术语,兴许是因为上杉吧。

立场，对如下制度进行了重点批判。① 其主要的批判对象是宪法之外的，或者说是发挥着超宪法功能的国家机关。

首先，是对军部的批判。这一批判继承了明治以来批判军阀的传统，而且发生在第一次世界大战后反战氛围高涨的背景下，矛头所指从军队内务生活的改善到征兵制度、军备缩小等问题，巨细无遗，攻击猛烈。其中，与宪法问题有直接关联的重要内容是对二重政府，即对肩负国务大臣责任的政务之外承认帷幄上奏权这一事实的批判。

据当时(1922·大正十一年)陆军当局的看法(《吉野全集》第3卷，自第61页"帷幄上奏之辩")，所谓帷幄上奏权有两种：一种指事关"国防用兵计划"或者"直接军队的指挥命令"，参谋总长·军令部长直接向天皇上奏；另一种指事关"军机军令"，陆海军大臣跳过内阁会议，向首相报告(内阁官制第七条)，向天皇上奏。这里，关于作战计划自不待言，凡涉及军队者，包括平时编制在内均须帷幄上奏；而其表述则为"有关国策及须编制预算者，其须内阁会议形成一致意见并经议会协赞后而帷幄上奏者。"宪法第十一条和第十二条均是关于帷幄的，当时的惯例做法也正是如此。

在当时的宪法学界，上杉认为第十一条和第十二条都不是关于国务大臣辅佐事项②的条款(《帝国宪法述义》第八版第474页)，而美浓部则把第十一条区分为军令，把第十二条区分为军政，前者重在承认帷幄上奏权，后者则重在强调国务大臣的辅佐(《宪法讲话》自第81页)。于是，美浓部学说逐渐成为通说。③

在宪法理论上，吉野虽然不得不赞同美浓部，但基于"通过法条看宪法精神"的宪政论，与上杉截然相反，他对把军令、军政从国务大臣的辅佐职权

---

① 这一批判，就时间而言，是1919·大正八年以后，即在本稿接下来所述的下一个时期范围内。但是，问题在于，这是对大正初期所立原则的具体展开，同时也构成了同处于下一时期的美浓部宪法学体系的基础，故决定在此先做概括介绍。

② 上杉学说当然也没有完全否定内阁官制第七条所规定的陆海军大臣参与军机军令。只不过，他认为该情况下陆海军大臣的职务并非一般的国务，不属于国务大臣的辅佐范围。他承认大臣具有双重身份——国务大臣和帷幄机关(《国体宪法及宪政》第418页)。

③ 虽然吉野认为《宪法义解》与美浓部的说法不无二致，但《宪法义解》之所以认为第十二条的重点在于"责任大臣的辅佐"，是因为把陆海军大臣也考虑了进去，而美浓部则把包含大臣在内的内阁纳入考量，因此两者并不完全相同。不过，比起把帷幄事项限定在第十一条的《宪法义解》，上杉学说与当时的惯例确属倒退无疑。这两条的区别，在宪法制定会议时也没有弄清楚。

中去掉这种非立宪性思想持批判态度。而且，他指出前述内阁官制第七条、陆海军大臣的武官专任制（唯有现役制在1913·大正二年山本内阁的时候有所放宽）以及军令第一号（1907·明治四十年）中规定的"军令"制度助长帷幄上奏权的弊害，让军阀变得强大。即便在昭和初政党全盛时期也未被动过一根手指的"武官专任制"，之后发展成最终把日本引向灭亡之路的军部，与之抗衡的以明确形式发展起来的吉野的政治论以及对其推崇的舆论，无疑成为立宪主义宪法学说有力的外部支援。

第二点是枢密院的改革论。吉野的改革论以"枢府与内阁"（《全集》第3卷"枢密院改革论"）为题于1924年（大正十三年）刊载于《大阪朝日新闻》，他因此被检察局传召。与其说是改革论，也许称其为废止论更接近吉野的本意。

当时的政情是君主大权的亲裁已不复见（军令等属于例外），政党内阁已被认作是当然之常规。基于此，吉野认为宪法制定之初与个别国务大臣同被视为天皇亲裁之最高顾问机关（为保施政的统一性）的枢密院应该改变角色。其结论是最为合理的举措便是视之为无用之物从而一举废止，或者将其变成有名无实的闲职。然而，实际上枢密院由最高顾问机关变为内阁的牵制机关，从而导致政变等，引发了一系列问题。不过，作为政府的牵制机关，只要有议院就足够了。当然，这并不意味着枢密院的存在绝对有坏处，倘若代表民意的众议院能够强大起来，就可以如英国一般，枢密院即使存在也是有名无实。故此，若将枢密院难以废止归为日本的现状，那么可以考虑以下的改革方案，尽管不是最优之策。

只要枢密院不赞同，政府就无法解决其政务。不过政府无需一直受制于此，只需把枢密院否决掉的同一事项列为议会的议题，若得到协赞，便可以民意为后盾，制定请求天皇直接采纳的全新条例。①

---

① 美浓部达吉的"枢密院论"（1927·昭和二年，刊载于《现代宪政评论》），虽然论述方法不同，但可以称之为吉野论文的宪法版。该文对枢密院的权限在一定范围内进行了严格的论述。只不过，它与吉野的论文存在着时间上的差异，美浓部认为枢密院唯一的优点，如果有的话，也许在于它是"可以抑制政党政治弊端的机关"，可是因为有贵族院的存在，枢密院也就毫无用处了，从中可以看出来这两者的论据存在着微妙的差别。

第三是贵族院的改革论。护宪运动把打倒以贵族院为中心成立的清浦内阁(1924·大正十三年1-6月)作为目标,吉野以此护宪运动为背景,对贵族院的低劣进行了批判。比起贵族院的权限问题,他更重视其组织问题,提出如下改革案:(1)修改袭爵议员的互选规则,使研究会势力解体;(2)减少袭爵议员的人数,使其人数不多于敕选议员;(3)吸纳民选分子(《全集》第3卷"贵族院改革论",第169页)。吉野第(3)点考虑的是一种职能代表制,若得以实现,贵族院便绝不会固定化,对众议院而言它作为第二大院,无需弱化其权限。这就是吉野不太关注权限问题的缘由。

美浓部同一时期的论文"论贵族院制度"(1924·大正十三年8月"改造",刊载于《现代宪政评论》)则更倾向于批判其权限。他认为不解散贵族院,反而使其与众议院平起平坐,这是制度缺陷的核心问题。而且,其地位受贵族院令保护这一点也是不合理的。"只要不改变贵族院的权能,就算对其组织做一些改革,也是大同小异,难以给其带来多少实质性变化(上述著作第158页)。"当然,权限的改革需要修改宪法,因而实施起来并非易事。作为次善之策,他主张有可能实现的组织改革论,这与吉野的见解大同小异,只不过有所不同的是,关于民选分子他几乎没有考虑。

第四,也是最后一点,是大正民主最好的成果——普通选举论。吉野在1919—1920(大正八—九年)年撰写的论文("普通选举论"、"普通选举制度的理论根据",前者中的一章以及后者题目变动后收录于《全集》第2卷)中,对普通选举论的想法进行了阐释。

普通选举论的基础是"把选举权即人民的参政权视为人民固有的权利,从这个基本立场出发"(《全集》第2卷第176页)。扩大选举权限制范围本身并没有问题,只要有合理的根据,也可以认可对选举权的限制(即使事实上有可能加大限制),但是坚定上述原则非常重要。并且,这一立场,在第一期源自社会契约论的人民主权论即共和主义,及第二期无产阶级权利伸张论即社会主义这样的背景下一路发展过来,现如今,它已被视作是基于国家本质的理所应当的结果。换言之,脱离国家这一团体生活,我们的生活就无从考虑,我们生活的充实等同于国家的充实,从"国家与个人间的微妙的有

136

机关系"来说，无论是民主国还是君主国，都应当要求人民积极参与到国家经营中去（同卷第 184 页）。德国的共同团体说、法国的社会连带①等学说所推进的国家理论、吉野的所谓社会协动论都是在此背景下发展起来的。这一立场若从日本国情来说，就是指"选举权是与国民身份同存的固有的权利"（同卷第 193 页）。

　　吉野的普选论在改变原则（将限制归作例外）这一点上意义重大，他主张废掉财产上的限制，强烈反对所能预想到的限制，如教育程度、"户主"、"独立的生计"等，正如吉野自己承认的一样，这在当时是相当激进的。不过，他否定选举是出于阶级立场而进行的活动，认为选举应当站在市民的立场（同卷第 220 页），把市民的立场看作是国民的立场，从这一点上看，其实绝非他自己认为的那么激进。这在妇人参政权尚早论（"普通选举权与妇人参政权"1924・大正十三年，刊载于《全集》第 3 卷）等中也很好地体现了出来。"在宪政运行不够理想的国家，为了保护妇人地位，暂时不赋予其参政权"（同卷第 254 页），这一想法耐人寻味。这是吉野政治观的一种体现，即他把民主主义视为以人民为根基的资产阶级政治家的寡头政治。②

　　以出现在宪政理论中、对当时的言论界产生了巨大影响的民主论，以及支持民主论的舆论为直接或间接背景，日本宪法学不断重整，继而在明治宪法下达到发展全盛期，拥有最完善的若干宪法学体系，以及围绕这些体系的

---

　　①　社会连带（Social Solidarity），社会成员在相互交往过程中自然形成的协调、平衡关系和行为准则。为法国社会学家涂尔干《社会劳动分工论》（1893）中提出的两个重要概念（另一个为集体意识）之一。——译者注

　　②　若把 1919 年・大正八年美浓部的"普通选举论"（为《时事宪法问题批判》所收录）与吉野的普通选举论加以对比，就能明白实际上两者的结论是大体相同的，当然两者之间也存在着差别。第一，美浓部对于普通选举是人民固有的权利这一原则论持否定态度（并非反对），他认为所谓普通选举，就是排除财产上的限制，"选举权并非由资产阶级独占，让劳动者阶级也享有这一权利。"（该书 365 页）认为普选是劳资阶级对立的产物，把普选运动与劳动运动结合在一起进行考虑，这是美浓部的特色。并且，他认为这与其说是理论根据，更应该看作是从实际要求中产生的制度问题。在这一点上，他比吉野更为现实，轻易地反驳了国家有机体论的理论（该书第 368 页）。第二，关于可否设定财产之外的限制问题，美浓部说"以普通小学毕业的教育程度以及独立经营生计作为选举权的必要条件，就当今的社会状态而言，这较为稳妥"（第 381 页）。关于妇人参政权，美浓部将其看作是没有劳动运动背景的另一类人，轻视其存在。此种差异是不认可吉野式原则（即便其理论依据存在缺陷）的结果，可以说是制度论的局限性。

多样的宪法理论，迎来蓬勃发展时期（1920·大正九年—1935·昭和十年）。

补充注释：若论战前日本宪法学史，显然美浓部达吉的宪法学已然成为中心。很庆幸，继我的论文之后出现了许多值得关注的关于美浓部的研究成果，为我们提供了新的研究视角。其一是法哲学家矶村哲的"市民法学"上、中、下（《劲草丛书》第7、9、10卷），其二是中濑寿一1963年的《近代天皇观》，其三是之前提及的家永三郎于1964年所著的《美浓部达吉的思想史研究》。

通过矶村、中濑、家永三人的研究，可以更好地理解铃木安藏和我所进行的美浓部达吉思想研究的全貌。

通过矶村的"市民法学"，我们能够正确理解德国公法学，尤其耶利内克的一般国家学与美浓部法学在理论上的密切关系。我的"宪法学史"充其量只是尝试性的论述而已，因为我只聚焦于意见相左的穗积和美浓部身上，而没能探讨当时大多学院派宪法学都将之作为依据的德国公法学的各大学说，没能对德国和日本的宪法学说进行充分的对比。若有机会能把"宪法学史"进行全面改写，我想彻底地把这两者比较一番。如若不然，真正的日本宪法学史便不能成立。这项研究工作难度很大，大概只有专攻德国与日本公法学的研究人员才能完成，而矶村的论文很好地完成了这件艰难工作的一部分。

中濑在《近代天皇观》中详细撰写了"美浓部达吉传"。他以"明治民主"和"大正民主"的发展为背景，论述了美浓部宪法学说的形成和确立。除宪法学者美浓部、佐佐木外，他还对政治学者大山郁夫、吉野作造，以及社会主义学者片山潜、山川均，甚至国家主义者大川周明、中野正刚等，对被定论为"天皇机关说的宪政时代"的"大正民主"时期的各种思想以天皇教为中心进行了探讨。

中濑的论述阐明了美浓部宪法学在当时诸多民主思想中所处的位置。以中濑所讲述的政治事件和思想家的动向为前提，赋予我们重新思考对美浓部宪法学历史评价的机会。只不过坦率地说，着眼于天皇观来分析美浓部宪法学的话需要格外小心。我认为美浓部宪法学最大的弱点在于"天皇"，优点在于"议会"。美浓部的论敌全都将目标锁定在这一弱点上不无道理。只是，这一"弱点"归根结底是宪法理论上的弱点，对于历史研究者中濑来说，或许有些强其所难。

家永三郎的《美浓部达吉的思想史研究》试图在对以美浓部的宪法、行政法为中心的所有著作进行详细分析的基础上，探讨"法学理论范围内出现的思想家的思想所隐含的历史意义"。历史学家家永比一般的法律学家都认真地通读了美浓部的法律学方面全部著作，该书定能成为美浓部达吉研究中具有划时代意义的著作，甚至说今后所有关于美浓部的研究都要以此为出发点也不足为过。

只是，若有学者从《美浓部达吉的思想史研究》出发对美浓部进行研究，希望可以就以下几点进行充分的讨论，这里专指从宪法学视角进行的探讨。

第一点，家永认为若用一句话概括美浓部的法学思想特色的话，"那就是对'国家权力的滥用'进行抵抗的精神"，家永对美浓部终其一生保持不变的姿态给予了很高的评价。这一评价可以说是对始终作为"市民法学"的美浓部法学所做出的正当评价。只是，即便说是"国家权力的滥用"，宪法学中的国家权力指的是关系到主权、统治权的天皇制的本质，而行政法中的国家权力指的是行政权及构成行政权核心的警察权力。美浓部在1935年（昭和十年）天皇机关说事件以后，无法公开发表宪法论，却可以发表行政法的论文、判例批评之类的文章，这意味着什么？

我认为，倘若美浓部能够自由发表宪法论言论，那么毫无疑问他会判断国家总动员法是违宪的。但是，美浓部用了与政府答辩几乎相同的理由认为它合乎宪法规定，在此基础上对各种滥用行政权的案例进行了批判。严格说来，美浓部的这种态度表现为在宪法上服从权力，在行政法上批判权力滥用，而如果用善意的眼光去看美浓部，可以说他只是无法对国家总动员法展开自己的宪法论。如此，即使宪法发生变化行政法仍保持不变这一德国公法学独有的严加区分宪法与行政法的倾向，并不是说在美浓部法学中根本不存在。

我认为，在描绘美浓部法学全貌时，不应把宪法学和行政学简单归在一起,有必要分别进行更深入的研究。

第二点,家永在该书中指出:"美浓部的法学方法论在极早的时期就提倡社会科学性法律学,说他是日本法学史上不朽的先驱也不算言过其实"(第 159 页)。虽然不清楚历史学家家永对"社会科学性法律学"是如何考虑的(家永似乎将末弘和川岛的社会学性法律学与社会科学性法律学一视同仁),但是若在宪法学范围内把美浓部的法学方法论视作社会科学性法律学的先驱,我认为稍有些"言过其实"。

若论社会科学性宪法学的先驱,我认为当属昭和初期的铃木安藏和宫泽俊义。铃木的历史唯物论和宫泽的新康德派二元论值得充分探讨,但是美浓部的方法论与耶利内克的方法论一样,是社会科学之前的产物。自认为在战后的宪法学者当中,我是读美浓部著作最多并对其解释论予以高度评价的人之一,但是我从来没有把它当作"科学的宪法学"来研读。美浓部没有对我的宪法学研究方法起到任何直接影响。若像家永一样,不只是把美浓部当作是过去的思想家,而是将其作为具有当前意义的思想家来看待,那么我希望今后打算学习"科学的宪法学"的年轻宪法研究者至少要研读美浓部的主要著作,重新探讨一下他究竟可以发挥怎样的作用。

第三点,美浓部宪法学和穗积宪法学的"正统"和"异端"问题并非直接涉及宪法学的理论内容。这是政治性评价的问题,个人认为并不重要,这一点在 114 页的补充注释中已经讲述过。[①]

---

① 原文第 114 页,此译本第 89 页。——译者注

第五章　日本宪法学的发展

［大正九年至昭和十年(1920—1935)］

第一节　宪政的发展和宪法学

进入二十世纪,以第一次世界大战为界,宪法政治上的诸多变化渐趋明朗。欧洲自不必说,在日本这些变化也逐渐清晰化。偶有激烈的变革发生,这些变动对宪法学亦产生了极大影响。

例如在君主立宪制的英国,第一次世界大战开始之前便出现了新民主主义倾向,其代表性事件是在1911年通过议会法[①](Parliament Act, 1911)[②]降低了贵族院的地位;随着新民主主义倾向[③]渐强,它也被介绍到了在议会政治运用方面把英国作为范本的日本。

第一次世界大战伊始(1914·大正三年),在欧洲只有法国、瑞士、葡萄牙(1910·明治三十四年以后)实行共和制,即非君主制。受"一战"影响,1917年(大正六年)先是俄国的帝制被苏维埃体制替代,随后,1918年(大正

[①] 英国1911年议会法,1911年8月10日通过,是调整英国议会两院关系的法案,旨在削弱上院的权力,确认下院的最高立法权。该法规的制订是由于上院否决下院1909年的"人民预算案"而引起的,上院在授封足够数量的自由党贵族的威胁下被迫通过这项法规。规定财政法案为公共法案,每一项财政法案必须由下院议长加以认证,议长的批准证明书具有决定性,不受任何法庭之质询。经过上述认证的财政法案上院不得修正或否决,一经英王批准即成为法律。允许上院行使延搁权,对财政法案可延搁一个月,财政法案以外的法案上院最多延搁两年,但如果下院连续三次会议均通过,则无论上院通过与否,经英王批准即成法律。——译者注

[②] 详见美浓部达吉:《议会制度论》,1930·昭和五年。

[③] McKechnie, The New Democracy and the Constitution, 1912.

七年)战败国德国与奥地利的君主制也接连崩溃。① 于是随着欧洲最强的君主制的倒台,从君主制过渡到共和制的风潮也渐渐波及其他众多国家。而且这些变动并非仅仅由外部压力引发,各国国内反战群众的力量亦不容小觑,所以战后革命性的民主主义思想倾向在各国皆呈现渐强趋势。

苏维埃俄国是世界上首个成功完成社会主义革命的国家,该国于 1918 年制定了世界首部社会主义宪法,即全面强调工人阶级权利的列宁宪法。

君主制崩溃后的德国,受列宁宪法的影响,在第一大党社会民主党的领导下,于 1919 年制定了魏玛宪法。它作为资本主义宪法,首次承认了劳动者的基本权利。魏玛宪法公开承认了 19 世纪后半世纪以来的德国自由主义公法学,并为具有强烈民主主义倾向的宪法学的发展奠定了基础。②

日本在第一次世界大战后出兵西伯利亚,以失败告终,随着对军部的批判声渐强,战后的民主主义风潮使得对始于明治末期、大正初期的封建主义制度的批判更加激化。战后经济繁荣景象之下积压的大众的不满,作为社会问题在各个方面显现出来,如佃户争议、劳动问题、租地租房问题等,同时也反映在法学方面。如上一章所述,枢密院、贵族院的改革论及普通选举的提倡是在政治、公法关系上的具体表现。通过宪政拥护运动,在明治宪法下积极构筑"宪政常规"——议院内阁制——的是资本主义化的政党。明治末期以后,资本主义化的政党在众议院的席位逐渐增多,寺内非立宪内阁因"米骚动"③(1918·大正七年)下台,随后,我国首个最具政党内阁特色的原内阁成立。在原内阁中,首相是史无先例的无爵众议院议员,也是众议院第一大党立宪政友会的总裁。内阁成员除外务、司法、陆海军大臣外也全是政

---

① 参照列文·施泰因:《君主制》,秋元·佐藤译,1957·昭和三十二年。
② Mirkine-Guetzevitch, Les constitutions de l'Europe nouvelle, 1928. 指出:作为战后的新宪法,以阿尔巴尼亚、德国、奥地利、西班牙、爱沙尼亚、芬兰、希腊、匈牙利、爱尔兰、意大利、立陶宛、波兰、葡萄牙、罗马尼亚、捷克斯洛伐克、土耳其、苏联、梵蒂冈、南斯拉夫等国为例,其共同特征便是议会主义性质的民主共和制。
③ "米骚动"是 1918 年爆发的日本历史上第一次全国性的大暴动。这次革命暴动最初是从渔村妇女抢米开始,各地一般也以抢米形式爆发,所以在日本历史上习惯地称为"米骚动"。"米骚动"由抢米发展到与地主、资本家进行面对面的斗争,与反动军警进行搏斗,而且在群众中公开提出"打倒寺内内阁"的口号,因此运动本身是革命性的政治斗争。——译者注

友会成员。原内阁从 1918 年(大正七年)9 月至 1921 年(大正十年)11 月首相原敬被暗杀为止持续执政。除以贵族院为核心的加藤友三郎超然内阁与清浦贵族特权内阁执政期间外,从 1924 年(大正十三年)成立的护宪三派(加藤高明)内阁开始到 1932 年(昭和七年)5 月 15 日犬养首相去世为止,政权一直在宪政会(即后来的民政党)与政友会之间交替变更,众议院则是其执政基石。[1]

如前一章所述,日本上述宪政发展助推立宪主义性质、民主主义倾向最为鲜明的美浓部宪法学成为占据支配地位的学说,使之几乎成为公认学说。欧洲,特别是德国的自由主义公法学在理论层面也助其发展。美浓部宪法学的形成过程可以从美浓部博士的三册论文集中获悉,该论文集主要论述了自 1913 年(大正二年)至 1934 年(昭和九年)的时事性宪法问题。

第一册题为"时事宪法问题批判"(1921·大正十年),如题所示,主要以针对大正前期政府的诸多政策所进行的"批判"为中心。第二册题为"现代宪政评论"(1930·昭和五年),选举改革、枢密院论、贵族院论是该册三大主要内容,虽然对于政府的个别政策——如治安维持法、警察权的行使、国体论争等带有批判色彩,但基本与政党内阁是同一战线。论调已由"批判"变为"评论"。第三册题为"议会政治的探讨"(1934·昭和九年),基本上是站在已经确立的政党内阁的立场上,对构成其根基的议会政治——议会制度、内阁制度、政党政治等加以"探讨",以执政党的立场考虑解决对策。[2]

从"批判"到"评论",从"评论"再到"探讨"的转变,如实地反映了美浓部宪法学政治地位的提升。美浓部于 1920 年(大正九年)担任该年始开的第二门宪法课程,是与上杉主讲的平行课程。出自美浓部门下的宫泽俊义后来接替主讲东京大学的宪法课程。进入昭和时期,其门下又培养出下一代担任公法学课程的鹈饲信成、田上穰治、柳濑良干、田中二郎等多位教授。大正末期到昭和初期,在终成体系的宪法学领域,虽然并不像历史较久的民

---

[1] 关于大正、昭和时期统治构造的历史,详见本人的《昭和宪法史》,1961·昭和三十六年。

[2] 关于伦敦军缩会议在统帅权问题及其他问题上,政党内阁及持赞成意见的元老是如何利用美浓部学说的,参照拙著《昭和宪法史》。

法学,或在日本尚属完全新学科领域的法哲学一样有醒目的新趋势出现,但第一次世界大战为其带来了战前未曾有过的诸多治学新风潮。

这一时期,法哲学盛行,埃米尔·拉斯克、施塔姆勒、拉德布鲁赫等新康德主义法学热衷于新的法理念的探索,关于自由法学派、埃利希的法社会学的介绍不断出现,各种风潮兴起,积极探索新的法理念以取代旧法律概念,引起新学者们的广泛关注。如后文所示,这些新康德派的严格区分实然与应然的二元论方法论、自由法学派的解释态度、比起制定法更重视社会规范的法社会学倾向,对于日本的宪法,特别是对美浓部宪法学产生了非常深刻的影响。

当然,经过大正时期,甚至在昭和初期,穗积—上杉学说的影响也并非完全消失。为了反对这类国体论性质的、所谓最正统的天皇制宪法学,美浓部宪法学采取了自由的解释态度,选择了相比自上而下的命令更重视接受它的社会心理(资本主义化进程中的日本社会)的法理论,从而成功占据了支配地位。然而,由于受到非立宪性封建势力的暗地攻击,以及二十年代后渐渐强盛的法西斯性质的否认议会政治的倾向给议会政治带来的危机,促使和美浓部宪法学一样以明治宪法的立宪性解释为目的,却以截然不同的形式去探讨的宪法学的产生。佐佐木宪法学便是其中一个典型。

美浓部理论的主要根基是耶利内克的学说。但此时,对耶利内克二元论方法持批判态度,且把法学置于规范领域的凯尔森的纯粹法理论也已引入日本,并且信奉者众多。清宫四郎、柳濑良干、早期的黑田觉等众多教授皆为公法学者。随着革命氛围高涨,为防止逐渐逼近的法西斯政治危机,凯尔森的纯粹法学发挥了以纯粹的形式拥护民主性法学的效果。日本的纯粹法学流行不能说完全没有受到这种客观效果的影响。

在昭和初期的宪法学界,与美浓部齐名、代表立宪主义宪法学的佐佐木惣一的宪法学没有直接受到纯粹法学的影响。在明治宪法的解释上,极为严苛的形式逻辑操作是其鲜明的特色。他的宪法学中存在着概念法学派的观点。所以,佐佐木的解释态度与美浓部的完全不同,在具体解释上两者针锋相对的地方也很多。佐佐木宪法学的卓越之处在于在理论层面它扬弃上杉与美浓部宪法学,但是从某种意义上来说它又是两者折中的产物,较之美浓部宪法学更是倒退。这一点姑且不论,收录在"立宪非立宪"(初版1918·大正七年,战后版1950·昭和二十五年)中的佐佐木大正初期的政治性论文表现出与美浓部相同的政治倾向,但是在宪法学专业领域,他却与美浓部不同,自成风格,超越了穗积—上杉学说,将美浓部所未曾涉及的崭新课题纳入到自己的宪法学当中。其门生大石义雄以及田畑忍也在宪法解释态度上深受其影响。

普通选举法实施(1928·昭和三年)以后,第一次世界大战后与新法学的各种倾向一同进入日本,从马克思主义立场进行的关于国家与法的研究也逐渐盛行,其成果亦被宪法学吸收。在国家与法的研究中,特别是在宪法史方面做出卓越成就的铃木安藏便是其中一人。只不过在第二次世界大战前,这些非学院派的研究者们所真正关心的并非宪法学本身,所以他们对于宪法学界也并未带来任何影响。

第二节 美浓部达吉和佐佐木惣一

一、总论

1920年(大正九年),自美浓部在东京大学担任宪法教席后,其宪法学相关著作活动于质于量均无人可及。其中最引人关注的是明确体现美浓部宪法学构想的《日本宪法》第一卷(1921·大正十年)。其次是美浓部为宪法课程学生自习用而撰写的著作《宪法提要》(初版1923·大正十二年,战后修订版1946·昭和二十一年),这是美浓部宪法学最早的具备完整理论体系的著作。美浓部之前的著作,或是未完成的,或仅是启蒙性的。再者是《逐条宪法精义》(1927·昭和二年)。前述引发讨论的启蒙书《宪法讲话》(初版1912·明治四十五年,改正缩印版1918·大正七年),应发行第三版的要求,美浓部将之细化,且为了不与《宪法提要》重复,他采取了逐条解释

第五章　日本宪法学的发展　115

的形式,这便是《逐条宪法精义》。《宪法提要》与《逐条宪法精义》这两部著作,使得美浓部仅在战前就有四十年之久的宪法学著述活动达到了巅峰,并且我认为这两部著作代表了战前战后日本宪法学的最高水准。这两部著作的基础是美浓部之前写的诸多论文,这些论文于1934年(昭和九年)美浓部退休之时排序汇编,作为论文集出版。方法论方面的有《法之本质》(1935·昭和十年,第二卷)、《凯尔森学说的批判》(同年,第三卷)、《公法与私法》(同年,第四卷)。宪法方面,最具美浓部特色的是《日本宪法之基本主义》(1934·昭和九年,第一卷执笔于1926·大正十五年)。此外,其他的著作、论文数量也非常可观。①

佐佐木惣一是京都大学的首届毕业生,宪法学师从井上密教授。佐佐木同美浓部一样,开始都是从事行政法研究,他于1927年(昭和二年)开始担任京都大学的宪法教席,比美浓部晚7年。佐佐木关于宪法学的著作《日本宪法要论》(1930·昭和五年),是唯一一部可以与美浓部的《宪法提要》相媲美的系统性著作。十几年之后,佐佐木将发表在期刊杂志上的论文汇编而成的《我国宪法的独特性》,与美浓部的"基本主义"一样,称得上是极具佐佐木宪法学特色的著作。佐佐木作品不多,与宪法有关的除了这两部著作外没有其他任何系统性作品,只是在《法学论丛》《公法杂志》等上发了些论文。②

美浓部与佐佐木分别在东京、京都两所帝国大学的法学部讲授宪法课程,作为宪法学领域所谓"东京学派"和"京都学派"的统帅,他们培养出了许多具有相同学术倾向的宪法学者。作为日本宪法学全盛时期(1920·大正九年—1935·昭和十年)的代表学者,我之所以举美浓部、佐佐木二人,不仅仅是因为他们是这两大学派的中心人物,如前文所述,美浓部、佐佐木采取了完全不同的形式来摆脱穗积—上杉学说,对此我特别感兴趣。也就是说,通过明

---

① 美浓部达吉花甲纪念论文集《公法学诸问题》(1934·昭和九年)的第二卷里附有到该时为止的著作目录。

② 其中发表在《公法杂志》第7期第1—12页的"帝国宪法的由来"(1941·昭和十六年)等论文值得关注。

确美浓部、佐佐木宪法理论的相同点与不同点,特别是不同点,可以了解这一时期的反封建性宪法学的范畴。在这一范畴内,当时的宪法学中存在着各种形式的立宪主义倾向,同时也包含着许多由"立宪主义"向非立宪性质转化的不明朗的思想。而这类不明朗的思想也扩大了美浓部、佐佐木两大理论的范畴。我的主要目标是:通过介绍美浓部与佐佐木的宪法学,使得大家能够较容易地理解当时宪法学的民主性倾向与科学性特质的进步性与局限性。

受篇幅所限,此处不谈及与上述研究倾向相对立的穗积—上杉学说、被称为穗积—上杉学说继承者的佐藤丑次郎,以及极具折中性的官僚御用的清水澄宪法学等。还有其他众多宪法学者,期望在本稿完成之后能另行陈述。

二、日本宪法的特色

对于自己所研究的对象,美浓部与佐佐木认为日本宪法的基本特色是什么呢?美浓部·佐佐木所要努力摆脱的穗积宪法学认为"我国宪法之特色"(《论文集》第 545 页)在于国体与立宪制。如第三章第三节所述,这一国体并非只是宪法性概念,是混合了历史性、伦理性、政治性等诸要素的综合性概念,可以说是天皇制意识形态的核心。他强调立宪制意味着特立天皇大权下的权力分立,应与英国式的议院内阁制加以区分。美浓部·佐佐木与穗积所指出的这两个特色是保持怎样的距离从而总结出日本宪法特色的?

如此看来,在众多宪法学者当中,美浓部的观点似乎与穗积最为相左。

美浓部在《日本宪法之基本主义》(1926·大正十五年稿)中首推日本宪法的君主主义,从宪法论中摒弃了被认为是日本特有的国体的概念,并且将天皇制与欧洲的君主主义等量齐观,在此基础上,探讨了构成日本宪法特色的钦定宪法主义、皇室自治主义、大权中心主义、兵政分离主义。对国体论的摒弃虽说是小众学说,但在宪法学领域,在压制诸多学者的反常规的国体论观点上取得了很大的成效。第二个基本特色,他指出是日本宪法的立宪主义。虽说这是任何一个学说的共通之处,但值得关注的是他在揭示立宪主义本质性制度方面的观点与众不同。即,他基本上将立宪主义与议会主义同样看待,认为其基础是民主主义与自由主义两大思想。并且认为在日本两院制代议主义、权力和谐主义构成立宪主义特色,权力分立制仅是自由主义的一种制度性表现,其重要性已经在下降。第三个基本特色是日本宪法的集权主义,从另一个层面来说,是地方分权的薄弱性。在这些方面,美浓部与穗积的观点相去甚远。

佐佐木在《我国宪法的独特性》(1943·昭和十八年)中关于国体与立宪主义的观点处于穗积、美浓部两学说之间——需要注意的是该书的写作时期是在天皇机关说事件之后。也就是说,他在认可国体论的重要性,在认可国体有两个概念——即历史·伦理概念与法的概念——的基础上,竭力明确法的概念。就此而言,佐佐木的观点只不过是穗积以后主流学说的体现。另外,关于立宪主义,他在明确立宪主义绝非民主主义的基础之上,指出权力分立是立宪主义的内容体现。当然正如穗积所考虑的一样,这并不意味着反议会主义,但其对议会主义的关注确实远远低于美浓部。

通过上述内容可知,无论学说对国体立宪主义持肯定态度也好,持否定态度也罢,或者无论对什么内容加以肯定,这些姑且不论,明治宪法框架内的基本问题是围绕国体与立宪主义展开的,这点毫无疑问。关于国体论,在宪法学层面对其是否认可,若认可,是仅限于在法理层面认可,还是对包括超越法理层面的内容全部加以认可,由此分为不同学说阵营。关于立宪主义,就其本质到底是三权分立还是议会主义,学说亦阵营相异。天皇与议会、官僚与政党、命令与法律、大权事项与立法事项、军令与军政等诸问题,皆源自这两个根本性问题。所以,学者们针对这两个问题的态度最能体现其学说倾向。下面将对美浓部、佐佐木的学说倾向做更为详细的分析。

三、立宪主义

美浓部指出,"所谓立宪政体,是指拥有作为国民代表机关的议会制度的近代[①]政体,以立宪君主政体与近代民主政体的形式延续至今。其法律

---

① 在日本史中,"近代"一般指从明治维新到太平洋战争结束前的时期,自那之后称"现代"。——译者注

上的特色是国民至少是作为原始的直接机关之一而存在"(《日本宪法》第348页)。他将宪法(constitution)一词赋以近代意义上的解释,把立宪主义(constitutionalism)与近代议会主义联系起来考虑的思路是最正统的见解,这通过英国的宪法史,特别是17世纪的两次革命——英国革命和光荣革命之后,在议会主权确立背景下建立的立宪君主制便可知晓。[①] 所以在其看来首要问题是议会的性质变化,而非权力分立。

美浓部认为立宪主义等同于议会主义,其基本思想,第一是国民自治的精神,第二是自由、平等的理想。前者是国民议会所体现出来的国民的政治参与,有的国家是以国民政府的形式体现出来的,即采取国民主权说的共和制。这种思想与前一章所述美浓部的民主主义(当时不是按其根本含义来理解的)倾向直接结合。第二种思想源于自然法思想,是基本人权的保障,这一保障体现为权力分立制度。关于权力分立,美浓部认为美利坚合众国当属典型(美浓部指出事实上是议院内的委员会组织在不断维持着政府与议会间的交涉),但是19世纪以后的宪法不再采取那么严格的制度,不过是各国依自身情况在某种程度上活用其理念而已。

美浓部的这种议会中心论的立宪主义思想,从《日本宪法》到《日本宪法之基本主义》,以及《撮要》《精义》,贯穿始终不曾改变,他关于宪法的时事评论大多也都站在这个立场之上。美浓部对于日本宪法的立宪主义所持的这种观点,绝难断言如部分人所说的那样"企图对明治宪法进行更民主的解释"、"作为明治宪法的正确解释方法稍微有些过头"。[②] 随着明治宪法实施即国会开设,立宪主义开始部分体现,从大正末期至昭和初期作为"宪政之常态"形成的议会内阁制实施,美浓部对这些事实给予理论化,又以欧洲宪

[①] 在立宪主义的历史方面,关注英国17世纪的文献有:McIlwain, Constitutionalism, Ancient & Modern, 1947;Wormuth, The Origin of Modern Constitutionalism, 1949;以及我的"关于宪法的社会性基础"(收于《宪法学课题》1954·昭和二十九年)。

[②] 出自《日本的法学》第66页,宫泽俊义的发言。宫泽教授还说:"我认为明治宪法是反民主的,把它如实作为反民主的宪法加以认识方为科学正确的态度。说起来可能有些狂妄,在这一点上我与美浓部先生的解释或多或少有些不同。针对此,有人批评这是我的'退步'。对此,我不认为是我'退步',既然明治宪法本身便是'退步'的,那么我对它进行的解释必然也是'退步'的。"此处宫泽不顾他曾经主张的方法论,将"解释"与"认识"混为一谈。

法理论加以验证,形成了他的立宪主义理论。当然,此时的日本议会主义并未完全成形。我在《昭和宪法史》中已明确指出,当时存在着宪法层面的帷幄上奏、枢密院、贵族院与宪法外的元老、重臣、宫廷间的相互制约。当时的情况是议会主义的势力和议会外的势力激烈交锋,美浓部的学术观点在这个时期逐渐倾向于前者。他在两股对抗势力之中,选择了决定其未来的议会,其立论虽然没有脱离现实,但也没有完全深陷其中。[①]

在美浓部的立宪主义思想与国体否定观点(归根结底是一回事)的基础上,产生出美浓部独具特色的宪法解释。

佐佐木对于立宪主义的观点,因时期不同或论述对象不同而有些摇摆。在1916年(大正五年)的《立宪非立宪》中,虽然不是从理论方面进行的论述,作为立宪政治是平凡政治的理由,他指出,首先政治的根本原则是宪法规定的,其次,它是重视多数人意见的政治。这里所说的立宪政治,是与专制政治对立的。上述两个理由意味着对君权的限制以及通过议会的国民参政。"在立宪制度下,政治的实际运行以议会为中心是自然趋势。一般而言,行政并非仅限于必须在法律即议会的参与范围内进行,在某些情况下需要行政本身直接参与议会,例如国债募集便是如此。且行政运营必需的费用支出预算也必须由议会参与决定。君主行使统治权,若不能与议会保持良好关系,最终是无法顺利完成的。君主实行国务必须借助国务大臣的辅佐,因此,君主为了圆满完成国务,势必在任命国务大臣时要着眼于国务大臣和议会。换言之,君主若不任用与议会关系良好的国务大臣,则完全无法完成国务。君主在任用国务大臣时如果立脚点放在议会,就可以说是广义上的议会政治"(《立宪非立宪》战后版第49页)。此言论与美浓部的观点基本无异,可以说是大正时期民主主义性质的政治论、宪法论共通的看法。

[①] 将立宪政治视为三权分立的政治是十八世纪末曾流行的思想,对于我国宪法的解释,如今依然把这种思想作为基础,否定立宪政治的本质主要为民众政治、责任政治、法制政治的学说还广为流行。此缺陷与对于国体观念的误解共同作用,导致我国宪法的解释与立宪政治的本义相去甚远。笔者承认我国宪法在有些方面采取了日本特有的制度,但它大体采用了西方诸国共通的立宪主义,所以在宪法解释上也必须把立宪主义作为基础。笔者的见解在许多层面与世间广为流传的观点相左,这是第二个原因。(《逐条宪法精义》序第6页)

但是在 1930 年（昭和五年）的《日本宪法要论》中，佐佐木将政体分为专制政体与限制政体，又将后者分为等族议会政体与立宪政体。关于立宪主义，他作了如下说明：

> 所谓立宪主义，即为防止统治权之滥用、保全国民之自由，而从根本上确定所谓权力分立，规定统治权之发动尤需国民参与之思想也。（第 88 页）

佐佐木认为立宪主义的目的是为了保全国民的自由，为实现该目的而采取的手段是权力分立与国民的政治参与。佐佐木在其主要著作中认为立宪主义与权力分立主义存在必然联系，他虽越来越重视国民参与统治权的国民自治主义，但不过是把它看作是包含在权力分立主义中的各种主义——全面限制主义、三作用分属主义、立法中的国民自治主义、法治主义、司法手续中的国民参与主义、立法中心主义等——之一而已。

到了 1943 年（昭和十八年）的《我国宪法的独特性》（《公法杂志》第 3 卷），由于书稿执笔始于 1937 年（昭和十二年），中间又经历了天皇机关说事件，对立宪主义的说明与著作整体基调保持一致，本质论没有发生变化，但对于日本的立宪主义，则完全囿于我国"独特"的部分。他说：

> 在我国，立宪主义作为天皇履行其统治圣职的方式，命令臣民依照天皇所定规矩来辅佐天皇的统治。（第 428 页）

如果仅从宪法条文来看，确实可以如佐佐木所说的那样进行解释。然而若如佐佐木所言，立宪主义"不过是天皇实现其意志的手段"，不过是臣民依天皇之命辅佐其统治，那么用欧洲普遍使用的"立宪主义"一词来称呼它便似乎不妥了。因为佐佐木所说的权力分立也好，近代议会的成立也罢，它们都源于自由主义国家观，是出于对国家权力行使过程中的不信任与限制，具有从外部对君权施加限制的作用。虽说由国家自制来行使国家权力的这种德国式的观点（国家法人说）也存在问题，但日本国家权力一切皆按天皇命令行使，与专制主义无异。如果将宪法上的制度统统视为天皇的自律行为，那便是从佐佐木自身大正年间观点的倒退，也是从《日本宪法要论》的倒退，意味着回归到穗积学说。

美浓部、佐佐木两学说在立宪主义观点上的差异，也体现在与立宪主义紧密相连的关于基本人权的观点及对明治宪法中臣民权利的解释上存在不同。此处无法对其进行全面论述，仅举自由权一例加以说明。作为"帝国宪法整体承认的权利"（《日本宪法要论》第 226 页），佐佐木承认总括性自由权，尽管明治宪法的条文里并没有规定。与仅承认宪法明文规定的自由权的穗积—上杉学说相比，这种做法显得更具"立宪性"。但在这种总括性自由权限制法之外的权利，与法律外无限制的宪法层面的个别自由权是严加区分的。这就意味着好不容易被承认的总括性自由权，因为被认为不一定需要议会的保障，所以实际上并无任何实在法层面的权利利益。美浓部认为宪法层面单个的自由权是总括性自由权的体现。这种差异是由于对在立宪主义体系之下议会的作用所持看法不同，从而在如何看待议会与臣民的权利上观点也迥异而产生的。

四、宪法学方法论

美浓部、佐佐木两学说在明治宪法解释上的差异此处似乎没有必要一一解释。不过，不只前文所述的自由权，二者在所有点上都存在着差异，这是因为作为宪法论前提，两者的政治观存在着极大的不同，这只要看两人就宪法条文中没有明文规定的立宪主义观点，以及这些差异给他们的宪法解释带来的影响便一目了然。然而造成解释上的差异并非仅仅由于二者政治观不同，宪法条文分析方法不同也是原因之一。至今为止，美浓部宪法学与佐佐木宪法学常被对比性地称为"东京学派与京都学派"（黑田了一）、"主观主义自由主义宪法论与客观主义立宪主义宪法论"（田畑忍），这是因为二者在解释方法上的差异极为醒目，一个是目的论解释，一个是形式论解释。当然在此对比宪法学方法论，不应仅限于对比解释方法上的差异（它不是宪法学的根本问题）。

事实上，至此为止，尚无人能在宪法学领域以自觉的方法论，形成充分的理论表述，连美浓部与佐佐木也不例外。尤其佐佐木的宪法学，从相关著述论文便可看出。所以在此只能从关于美浓部、佐佐木文章的片段中,或者从以"宪法""宪法论"为题汇编成的著作中推断其方法,进行比较分析。

美浓部在《日本宪法》中就宪法学的研究方法做出如下陈述。

> 宪法学的任务与一般法学相同:第一,明确何为当前国家的宪法;第二,对宪法进行系统性的说明。为了达成此等目的,采取的研究方法应该与一般法学相同。简言之,毋庸置疑宪法学的研究方法应为法学的研究方法(Juristiche Methode)。(第 535 页)

站在此立场,在批判拉班德的教条式法学研究方法的基础上,他又做了如下说明。

> 总之,宪法学的研究方法必须是法学性的,这自不待言,但这里所说的法学性,绝不能理解为只把成文法当作唯一根据来构建观念。宪法学的主要任务是明确什么是现实的宪法,而现实的宪法是历史发展的结果,并且会随着成文宪法外的各个法令、政府及议会的运用而不断改变,再加上立宪政体在某种程度上是作为近代共同的制度发展起来的,所以完全不受其他国家的影响是不可能的。故而为了明确现实的宪法,绝不能仅靠观察成文宪法来达到目的,除了要观察对宪法进行补充而又在不断变化的各个法令之外,还要追溯历史,调查政府及议会所采取的先例,考虑事实上运用宪法的各方势力,并且通过与各国宪法进行比较从而寻求立宪政体的普遍原则。由此,才得以明确什么是一国的宪法,而观念的构成不过是对宪法进行说明的手段而已。(第 543 页)

因为叙述较为简单,并不能以此来充分判断美浓部宪法学方法论,但由此可知其大致倾向。如果将此倾向与美浓部的研究对象"法的本质"相关内容结合起来考虑,便能够推断出其法社会学倾向的必然性。美浓部认为法"其本质是社会性心理的力量",他对法做出如下定义:

> 法是在社会心理范围内,或是由于权威规定,或是由于事实惯例的

力量,或是由于理性的判断,或是由于这些因素的结合,在社会生活中作为人类的意志及利益的强行规定而存在的意识。(《法之本质》战后版第178页)

上面所述的是严格意义上的宪法学,即理论宪法学,而对于宪法的解释,或者说宪法解释学在其中处于何种位置并未言明。不过,关于解释本身,美浓部批判了解释态度上一直以来的通病,叙述如下:

> 宪法解释过分偏重各条文文字表面的解释。所有的成文法规的文字都是起草者思想的反映,起草者的误解或者纰漏难免会造成文字表述上的错误或者不完备,不能把其理解成是法本身存在错误或者存在不完备之处。对法的解释不能仅停留在文字层面的错误或者缺陷上,解释法律之人必须有纠其错补其缺陷的觉悟。尤其是宪法文字最为精简,因此在解释宪法时尤其需要这样的觉悟。就像殖民地制度、内阁制度、陪审制度、地方自治制度等,只简单举一两例,对宪法的规定完全没有涉及。又如对统帅大权的地位及范围,宪法的文字也是完全没有提及。如此类的诸多方面,仅依靠宪法的文字解释是不可能得出准确见解的。(《逐条宪法精义》序第6页)

前面所引现实中对宪法的认识与此处引用对宪法的解释应如何相结合?关于这个问题不知美浓部是否进行过明确说明,从美浓部的整体描述来看,以宪法典为线索的对于宪法的认识——并非对宪法典的客观性认识——是宪法的解释,宪法的认识与解释同质。当然这一态度在美浓部的全部著作中贯彻得如何是个问题。

佐佐木在其《日本宪法要论》序篇第三章"日本宪法学"中指出:

> 日本宪法研究首分二范畴,即日本宪法发展过程研究与现行日本宪法研究。前者称日本宪法史学。后者再分二范畴,即解释现行日本宪法并研究其法理者,以及论述现行日本宪法适用之得失、研究其立法政策者;前者称日本宪法学,后者称日本宪法政策学。(第186页)

《日本宪法要论》研究的是上述引文中所说的日本宪法学,构成现行日本宪法解释的并非是对各条文的逐条解释,而是"将属于日本宪法的法规作为整体进行系统性的解释",即佐佐木所说的组织解释。一般认为逐条解释多是实用性的,与此相反,组织解释多为学术性的。所以,佐佐木在《日本宪法要论》的序言部分指出解释者应做好如下思想准备:

> 解释一国宪法,所持态度须极为平静。平静态度即学术态度。此即宪法解释一旦出现问题,首先要求其解释不失学术性之故。现我国致力于确立立宪政治,尤须如此。然而,现今我国之宪法解释,堪称学术著作者尚不多见。仅此而言,本书上梓或见容于方家矣。(序第3页)

佐佐木也认为宪法的解释与现行日本宪法的认识性质相同,在这一点上,佐佐木与美浓部的方法论并无二致。不过在现行宪法的认识等同于解释时,就明治宪法典这一实定法所占比重来说,两宪法学却存在着极大的差异。这种比重的不同主要是前述政治观上的差异所引起的,一边是自由法派,另一边是概念法学派,这其实是对实定法评价差异的结果,而不是原因。因而这一差异不能说是两者方法论上的本质差异,并且对于佐佐木宪法学形式论性质的概念法学倾向,不能作为其学说特征过分褒贬。佐佐木与美浓部一样,作为日本宪法渊源,承认宪法典以外的各种制定法规——皇室典范、皇室令、法律、敕令、条约等——及惯例法、条理法。在法的本质论方面,重视的不是国家而是"社会的强制性要求"。此外,比如就国体概念结构的某一部分来看,他并非单单教条式地加以确认(虽然如此创造出来的概念并不少),而是极为重视"国体"一词在经常性意义上被使用的社会事实,单从这一点上就可见佐佐木并非一贯采取的是美浓部所排斥的法学方法。

总之,尽管当时的宪法学被认为是最高水准,但这一时期的宪法学将法的认识与法的解释简单混为一谈,暴露出其缺陷。美浓部宪法学自称要探究现实的宪法,但是在其战前的学术生涯中几乎不曾涉及"政党内阁"成立时便已存在的元老、重臣这些事实上的首相选定机关。与其主张不符的是,他要么拘泥于宪法典,要么在现实的宪法中有意识地只看"立宪性"部分而无视其他,并未完全忠实于自己设定好的方法(此处无意评论美浓部宪法学的功过)。而佐佐木的宪法学,在其设定的方法中过于强调对宪法典的解释,在文理解释上独步前行,以至于对宪法典的认识存在过于脱离社会现实的倾向。与现实的脱离和文理解释的精密化,在佐佐木身上是成正比的。并且,在佐佐木的解释中"平静"也未能贯穿始终,随着时代的发展它也在变化,这在国体论中已经论及,此处不再赘述。

五、总括

关于美浓部、佐佐木的宪法学,可以说尚无基于彼时学界整体状况而做出的决定性评价。关于美浓部宪法学,战前仅有铃木[①]的意识形态性质的批判,战后也只有其门生以美浓部的去世(1948·昭和二十三年5月23日)为契机所写的短文。这些评论者都是在美浓部的影响下成长起来的同一时代的人,加上所写的是短文,其中有些文章称不上是科学的、深入的研究成果。[②] 关于佐佐木宪法,战前和战后,自称其门生的一些人在几乎没有进行任何论证的情况下,宣扬佐佐木宪法学是水准最高、最具立宪主义性质的宪法学,仅此而已。[③]

至此,我们可以确定美浓部·佐佐木宪法学展现出天皇制资产阶级的一面,作为近代宪法学,相比穗积—上杉学说前进了一大步。需要指出的是,美浓部·佐佐木宪法学达到顶峰,之后日本宪法学开始衰落,这一趋势在他们所著作品中已有所体现。这是证明美浓部·佐佐木宪法学的资产阶级倾向从属于天皇制体系的很好佐证。

铃木安藏于1934年(昭和九年),在机关说事件之前就指出美浓部是倡导议会政治修正论的,并且发出宪法学面临危机的警告(《日本宪法学的诞

---

① 铃木的诸多著作中相对较为详细的是《日本宪法学的诞生与发展》(1934·昭和九年)。
② 宫泽俊义的"机关说事件与美浓部先生"、鹈饲信成的"美浓部博士的思想与学说"《法律时报》第20卷第8号。
③ 如《立宪非立宪》战后版,简介大石义雄之稿。

生与发展》第192页)。根据铃木的归纳,美浓部认为"议会真正意义上发挥立法部门的职能,以及议会成为内阁组织的原动力,这在将来都是难以实现的,并且我们很难相信它能适应将来的社会形势"("我国议会制度的前途"《中央公论》1月号)。他主张由金融、产业、劳动等各方面的专家组成委员会来代替单由外行议员组成的议会来负责国策的审议立案,从而弥补议会的缺陷(同上)。此外,"在社会组织及政治组织必须进行根本性改革的时代背景下,政党内阁太过无力",因此他主张"得到在议会占多数席位的政党的支持",通过组成人才内阁("政党政治的未来"《东朝》同年1月22日)来修正议会制度。这是创建了冈田内阁、内阁审议会的元老、重臣们的观点。美浓部学说的资产阶级局限性,如前文所述,是偏理论性的,这里所说的是作为昭和初期,特别是"五一五"事件①以后政党内阁没落的直接映照,它属于极为政治性的判断。美浓部的立宪主义,虽得以与议会取消论相抗衡,但并未成为彻底的议会主义主张。

同样铃木还指出(前述著作,第196页)佐佐木的强势政府论("政治革新之路"《东朝》昭和九年1月12日)也有以当时被视为世界性趋势的行政权扩大为契机,企图将天皇制的法西斯倾向正当化之嫌,但是佐佐木没有直接顺应这种新的政治形势。通过他的"我国宪法的独立性",我们可以看出,他以复古的姿态逆时代而行的色彩更浓。正如此,才得以与纳粹理论的引入所引起的日本宪法学的法西斯化进行对抗。

补充注释:梳理日本宪法学史往往会以东京大学出身的学者为中心展开,因此会不太重视早稻田等私立大学的宪法学者,地方大学的研究者则更容易被忽视。由于战前还不存在真正意义上的"宪法学会"、"公法学会",所以学者的评价多以东京大学为中心的人脉展开,而很少以学术内容为基准。

---

① 1932年(昭和七年)5月15日以海军少壮军人为主举行的法西斯政变。政变者袭击首相官邸、警视厅、内大臣邸宅、三菱银行、政友会总部以及东京周围变电所。首相犬养毅被杀。由于政变规模小,缺乏建立政权的具体计划,未达目的,政变者自首。在审判中,军部大肆煽动舆论为政变者开脱罪责,并借此加强统治发言权。结果5月26日成立以海军大将斋藤实为首的所谓"举国一致"的内阁,政党内阁时代结束。——译者注

学界对美浓部达吉的研究较多，而对佐佐木的研究较少，其中一个原因，便是上述学术外的因素所造成的。但是，随着时间的推移，以佐佐木的门生为中心展开的对佐佐木法学的研究取得了顺利进展。

有关佐佐木宪法学的研究著作主要有田畑忍的《佐佐木博士的宪法学》(1964)、田畑忍编著的《佐佐木宪法学的研究》(1975)、盛秀雄的《佐佐木惣一博士的宪法学》(1978)等。对日本宪法学史来说，《佐佐木宪法学的研究》一书尤为重要。

该书不仅收录了如实介绍佐佐木宪法学的佐佐木门生田畑忍（宪法学）和矶崎辰五郎（行政法学）的论文，还收录了鹈饲信成、小林孝辅的批判性论文，这些都是研究佐佐木宪法学的重要文献资料。卷末的附录，1.佐佐木博士的帝国宪法改正案，2.佐佐木博士的履历、著作目录，3.佐佐木博士研究文献一览表，对于今后的佐佐木研究势必也会起到重要作用。

通过拜读该书，我得以多方面地理解佐佐木宪法学的特质。特别是其嫡系弟子田畑忍所写的"佐佐木博士的宪法学"，阿部照哉在德国公法学背景基础上所做的关于"佐佐木宪法学之特质"的讲解，以及年轻一代的上田胜美所写的"佐佐木博士的宪法学方法论与战后的宪法学方法论"，这三位执笔者的年龄层不同，方法也各异，读后大受启发。

上田的论文以佐佐木宪法学为素材，探究战前战后宪法学史的一贯走向。正如本书一样，本人至今发表的有关宪法学史的成果都仅限于对战前相关内容的研究，是以战后执笔时的视角去看战前宪法学说史的。即使以战后的视角成功梳理了战前学说史，对于战前与战后的内容如何衔接等，在宪法学界至今尚无人尝试过的许多难题仍横在我们面前。上田的论文分析了佐佐木战前、战后的著作，为我们展示了一个解决问题的事例，不过若把它放到整个宪法学史中来看，结果又如何呢？

最初便以宪法典作为主要研究对象的日本宪法学，因战败和被占领从而失去了明治宪法典，被迫接受与其原理截然不同的昭和宪法典，此时，宪法学者的世界发生了怎样的变化？能够从宪法学角度应对日本宪法史上的这一革命性转变的宪法学说是否存在？若存在的话，是何种宪法学？它是如何应对的？

　　说到此，我们立刻就会联想到战前・战后进行大量的创作活动，留下一定成就的佐佐木宪法学与美浓部宪法学。处于革命性的转变期，特别是对于被占领下的"宪法改正"，二人作为宪法学者所做出的反应是确凿的史实。但是这一"转换"在各自宪法学的内部是如何理论化的，可以说至今尚未明确。很多研究者将佐佐木、美浓部善意评价为始终一贯的学说，然而研究对象已然完全改变的情况下，这种"始终一贯"的宪法学究竟是怎样的学问？研究对象是不同性质的宪法现象，却只用相同的研究方法去分析，对于这样的宪法学我们有必要进行更严格的评价。战时根据情况常常转变观点的宪法学者很多，所以对于能保持始终一贯的宪法学给出高度评价，这种心情可以理解，然而从学术角度来看，无视研究对象的变化保持始终一贯的做法并非妥当之举。如果不明确这一点，就无法很好地实现战前与战后宪法学的内部衔接。

第三节　宪法学新倾向

　　以耶利内克流派的一般国家学的成果为基础的美浓部・佐佐木宪法学确立其学界地位的同时，挑战既成体系的新宪法学倾向在年轻一代的研究学者中也开始盛行。

　　美浓部・佐佐木宪法学作为明治宪法的解释学具有相当完备的体系，但是它并不具备作为法学应有的严谨的方法论，并且由于它是大致完成的体系，故而有着无法适应"九一八"事变后新政治形势（不意味着向形势妥协）的固定性，即非政治性。犀利指出其方法论弱点的是引入到日本的、以维也纳大学凯尔森为代表的纯粹法学，而指出其没能彻底批判新政治形势，具有既成宪法学局限性的是从马克思主义立场出发的宪法学研究。

　　以凯尔森为中心的维也纳学派在德国与奥地利公法学界所发挥的作用，以及在日本的意义，详见鹈饲信成的论文"维也纳学派"《劲草》丛书第

7卷）。纯粹法学从大正到昭和初期，包括鹈饲自身在内，"当时的年轻学者中有众多为之倾倒者"（鹈饲）。其影响涉及到整个法学体系，而在宪法学领域，它首先是以既成宪法学所涉及的国家论批判而被认知的，同时它也是法学方法论的问题。①

日本宪法学界最早积极引入纯粹宪法学的是黑田觉，对凯尔森的部分著作进行翻译、介绍为中心的《维也纳学派的法律学及其问题》②（1927·昭和二年）一书属于先驱之作，1932年（昭和七年）黑田又翻译了"自然法学与法实证主义"（Die philosophischen Grundlagen der Naturrechtslehre unddes Rechtspositivismus, 1928）。在"只做介绍，不含批评"的《凯尔森的纯粹法学》③（1932·昭和七年）一书中，黑田负责撰写国家理论部分。这些著作虽然基本以介绍为主，但纯粹法学的内容本身是对耶利内克的方法二元论、国家论范畴内的法学方法和社会学方法混杂等现象的强烈批判，当然其批判矛头主要指向美浓部·佐佐木宪法学，特别是美浓部宪法学。

但是，黑田未来得及将凯尔森的理论融入到日本宪法论中就转变了研究态度（见下一章）。之后，横田喜三郎在国际法领域、柳濑良干在行政法领域引入凯尔森的理论，但不只是黑田，他们都未能通过纯粹法学使日本宪法学变得体系化。就连明确宣称依据凯尔森学说撰写而成的浅井清的《宪法学概论》（1928·昭和三年），也未能超出一般国法学的叙述范围。未能及至日本宪法分析，或许是因为明治宪法的性质所致。而从单个的业绩来看，浅井清、清宫、宫泽等诸位教授都有值得关注的成果。

因为被视为属于应该抨击的自由主义一派，纯粹法学对日本宪法学的

---

① 凯尔森著作的译著主要有：田村德治所译其初期主要著作《国法学的主要问题》（1920·大正九年）、横田喜三郎所译《纯粹法学》（1935·昭和十年）、清宫四郎所译《一般国家学》（1936·昭和十一年）。

② 最早的是1924·大正十三年翻译的《法律学的国家概念》（Der soziologische und der juristische Staatsbegriff 的第二篇 Der Staat als Normensystem 的译文。在此之前已有堀真琴的全文翻译"凯尔森·国家概念研究"1924·大正十三年），以及施莱尔马赫的"维也纳法理学派概观"、凯尔森的《国法学主要问题》第二版(1911)序文的翻译。

③ 执笔者还有一般法理论，横田喜三郎，《公法理论》，清宫四郎，《国际法理论》，大泽章，《政治理论》，矢部贞治，卷末附有日本文献表。

影响也于天皇机关说事件后,同它所批判的对象美浓部宪法学一起销声匿迹了。凯尔森1934年(昭和九年)在日内瓦所写的内容完全适用于日本,即脱离所有意识形态的纯粹法学,"法西斯分子宣称它是民主主义性质的自由主义"(横田译《纯粹法学》序言)。

所以,在法学领域继而宪法学也开始摒弃所有政治性意识形态,和努力维持学问之纯粹性的纯粹法学,从某种意义上说,位于相反一极的是基于历史唯物论的宪法学。

马克思主义在法学领域的影响,主要体现在第一次世界大战后开始介绍苏维埃法的山之内一郎、民法的平野义太郎、杉之原舜一、刑法的风早八十二等诸位教授的著作中。① 马克思主义对宪法学产生影响的时间较迟,大概在1935年(昭和十年)左右。1935年(昭和十年)日本共产党的全国组织完全消失,1933年(昭和八年)是佐野、锅山的立场改变现象大量涌现的一年。在此之前,从马克思主义立场出发,对国家与法的现象感兴趣的研究者均直接关注"国家论"(与一般国家学或者历来的政治学所说的国家论完全不同)研究,并未研究宪法本身。铃木对这期间的状况作了如下描述:

> "我最初同意执笔《国家论》是在1月中旬。因为在写作上没有特别要求,可以自由创作,同时考虑到可以借机重拾最近搁置了的关于国家的研究,所以便同意了。但着手撰写之后越来越发现当今的形势下实在是无法继续完成书稿,遂改为撰写《比较宪法史》。"(《比较宪法史》1936·昭和十一年,前言)

当然,铃木的宪法研究根基是马克思主义法学②,特别是以前述诸位教授为中心运作的无产阶级科学研究所"法与国家理论研究所"的理论活动是其研究基础。然而铃木的宪法研究成果发表之时,正值对马克思主义而言发表自由全被剥夺的时期,因而他不得不大量使用"奴隶之言",这对于宪法学来说具有极其复杂的意义。马克思主义的矛头指向日本宪法本身,这具

---

① 参照平野义太郎:"马克思主义法学",《劲草》丛书第8卷。
② 平野义太郎编译:《马克思恩格斯的历史唯物论与法律》(1932·昭和七年)。

有积极的一面,但此时的马克思主义已被施以严格限制,可以说失去了其本来面目。总之,在宪法方面,只有铃木一人。[1]

铃木对宪法学[2]所做的最大贡献是宪法史,特别是关于明治宪法成立史方面的研究。此外,如本书序章所述,铃木指出宪法学说史研究的不振,他着先鞭加以研究有着现实意义,其马克思主义学术倾向的研究成果也让世人难忘。其在比较宪法史研究方面也是如此。不过,和纯粹法学一样,除此之外马克思主义倾向对明治宪法本身的研究,特别是对明治宪法的解释并无多大裨益。所以,就像铃木自身当时处于宪法学界的边缘一样,其对学术方面的影响并不大,也没有后继者,更确切地说,在当时的政治环境下是不可能出现后继者的。

马克思主义宪法学与纯粹法学的不同之处并非只是学界内外之分。纯粹法学对法西斯主义政治倾向只采取了消极、沉默的抵抗,而铃木则进行了积极的反抗,直至1935年(昭和十年),针对时事宪法问题他发表了一系列反法西斯言论。

在宪法学领域,纯粹法学与马克思主义法学这两种新倾向,均与其批判对象既成宪法学,即美浓部·佐佐木宪法学一样,由于政治原因而被突然中断,未能蓬勃发展起来。这使得战败后一段时间内,即使在新宪法体系之下,美浓部·佐佐木宪法学在学界仍占有支配性地位。战争中新倾向从沉默走向灭亡,与依然保持生命力、战败后得以重生的既成体系相比,新倾向显得虚弱且毫无根基。所以,如鹈饲所指,当时新倾向之间,即纯粹法学与马克思主义法学之间并无机会进行理论性对决,时至今日也仍未实现,这也是日本宪法学所面临的重要问题之一。

---

[1] 《明治政治史研究》第一集是宪法研究的特集,刊载了泷本英雄的"日本宪法论",这是极少见的例外。
[2] 《宪法的历史性研究》(1933·昭和八年)、《日本宪政成立史》(同年)、《日本宪法学的诞生与发展》(1934·昭和九年)、《日本宪法史研究》(1935·昭和十年)。

第六章　日本宪法学的崩溃

[昭和十年至二十年(1935—1945)]

第一节　天皇机关说事件与宪法学

关于天皇机关说事件,我曾经有过专门论述,此外,关于此事件的著述也很多。① 篇幅所限,本节只考察该事件对宪法学研究的影响,关于事件本身不再赘述。

天皇机关说事件的爆发,使得1933年(昭和八年)泷川事件以来对自由主义法学的政治打压终于结束。在泷川事件之时坚决主张大学自治的佐佐木被迫离开京都大学。在东京大学,私法领域的末弘严太郎和公法领域的美浓部被盯上,其学说属天皇机关说的成为国禁。此事件直接导致元老重臣的政策转变,冈田内阁做出关于国体明征的二次声明,贵族院提出政权革新建议,众议院做出国体明征决议。在全体政治势力意见一致(当然是妥协的结果)的基础上,文部省向其管辖下各大学发出国体明征训令,内务省禁止发售美浓部的《逐条宪法精义》(第12版)、《宪法撮要》(第5版)、《日本宪法之基本主义》《法之本质》等书籍。这不只是对美浓部的个人制裁,也意味着至此占据学界统治地位的天皇机关说,以及与其密切相关的国家法人说均成为国家禁令,对学界产生了十分深刻的影响。关于这个问题,由于当时

---

① 本人的"日本国宪法制定史论(二)",刊载于《法律时报》第28卷第7号;内务省警保局"昭和十年间社会运动之状况"中的"国体明征运动"专栏;美浓部亮吉"天皇机关说";向坂编《风雨百年》(Ⅳ-6);尾崎士郎《天皇机关说》(1951·昭和二十六年);铃木安藏《明治宪法与新宪法》(1947·昭和二十二年,其中第二节"天皇机关说论争原委",第三节"美浓部博士的宪法学说问题",此二、三节均著于1935·昭和十年);宫泽俊义"机关说事件与美浓部先生",刊载于《法律时报》第20卷第8号。

第六章　日本宪法学的崩溃　133

的宪法学者如今大多仍活跃在学界第一线，所以至今还未能把它作为一个完整的历史事实来客观看待，而且相关研究资料也很少，因此，我的评价也不过是一种推断。在我看来，在该事件的影响下，学界出现了下述两种倾向。

一种是反对将机关说作为国禁，另一种则是赞成。

第一种反对把机关说作为国禁的人又分为两类：或是像当事人美浓部那样保持完全沉默者，或是在使用"奴隶"之言、迂回隐晦的表达方式加以反抗的过程中逐渐倒退者。佐佐木通过强调帝国宪法的独特性，即通过承认绝对主义天皇制来批判外来的法西斯主义倾向；田畑忍[①]对于新体制的肯定也可以看出此倾向；之后大石义雄[②]的写作活动走的也是同一路线。但京都学派的此种倾向与当时天皇或者元老西园寺构想的"宪法的尊重"极为相似，若一步出错，就极有可能成为对日益法西斯化的政治的小心迎合。对此，宫泽在很多场合发表了反对意见，我认为其中最值得关注的是事件过后不久他发表的"法学中的'学说'"（《法协》第54卷第1号）这篇论文。该论文论述了法学领域中的理论性"学说"（法的认识）与解释论性质的"学说"（法的解释）在本质上的差异，这使宪法学方法论前进了一大步。同时，他指出官方钦定理论性"学说"（国家法人学说与天皇机关说均是如此）是多么不明智的做法，对于把天皇机关说作为国禁的政策进行了隐晦但却猛烈的抨击。

当时对此事件最直截了当加以批判的是铃木，然而其批判态度并未持续多久。根据当时铃木所述，机关说论者的整体状况如下：

"美浓部博士的主要著作被禁售后，京都大学自发停止天皇机关说论者渡边教授的宪法课程；九州大学法文学部遵循文部大臣所发国体明征劝谕精神，规定今后全部禁止使用带有'机关'字眼的文字；东京大学的宫泽教授同样表明谨慎之意，佐佐木博士决意辞去神户商大的教职等等；事实上不但

[①]　田畑忍：《法·宪法及国家》（1941·昭和十六年）。
[②]　大石义雄：《帝国宪法与国防国家的理论》（1941·昭和十六年）和《帝国宪法与非常时期》（1944·昭和十九年）。

机关说学者被从这些主要大学的宪法教席中肃清,而且大多数学者断然决定不再出版自己的著作或者对自己的著作进行重新修订。更甚者,最近高等文官考试委员也多任命像佐藤丑次郎博士这样主张天皇主体说、反对国家法人说的学者,因此在国内宪法学说由国家指定的实际情况便逐渐应运而生。①"(《日本宪政史研究》第 329 页)

当时,最欢迎天皇机关说事件的是以国体论为中心的军部,以及非学界人士的右翼理论家们,如充当攻击美浓部、末弘二人先锋官角色的国士馆的蓑田胸喜、《美浓部达吉博士的日本宪法论批判》(1934·昭和九年)的作者陆军中将佐藤清胜、《帝国宪法的国体学研究》(1934·昭和九年)的作者里见文化学研究所的里见岸雄等。此外,学界内也有少数人从学术角度对美浓部加以批判,如自称"其实导火索是我所写的文章"("宪法总论",昭和四年,《论以国体明征为中心的帝国宪法》第 2 页)的山崎又次郎②、主张《国家法人说的崩溃》(1935·昭和十年)的佐佐木门生佐治谦让③。这些以国体为中心的反美浓部学说的发展,从政治角度来看具有重要意义,但从理论角度而言,这种盛行一时的学说对日本宪法学本身并无太大的重要性。

另外,机关说事件所带来的第三个影响,虽间接但也引人注目,它导致新的研究倾向受挫甚至中断。事件发生后,铃木不得不把马克思主义的方法全部隐匿于宪法史资料收集背后,而纯粹法学式的宪法研究也由于其自由主义倾向事实上被中断研究。

纯粹法学的宪法研究不仅被中断,其研究者中还出现了称得上田畑忍所谓的"凯尔森右派"的黑田觉和中野登美雄两位教授。这两位教授把在德国公法学纳粹化过程中批判了凯尔森的卡尔·施米特的宪法学,以及批判施米特"自由主义倾向"的克尔罗伊特的宪法学引入日本,他们是在对既有

---

① 田畑忍所:"日本宪法学界一瞥"一文,广泛描述了当时宪法学界的概况,收于《明治政治史研究》(第 1 集)(1935·昭和十年)。
② 山崎又次郎:《大日本帝国宪法的神髓》(1941·昭和十六年)推进了这一倾向,收于《日本国家科学体系》第 6 卷。
③ 佐治谦让:《作为日本学的日本国家学》(1938·昭和十三年)。

宪法学进行理论性、政治性批判中发挥积极作用的核心人物。[①] 天皇机关说事件正是促成这类凯尔森右派出现的主要诱因。

最后，为了填补美浓部宪法学被禁后所产生的空白，穗积八束[②]、上杉慎吉的著作又被广泛阅读，出现复古现象，这作为机关说事件的影响，不可遗漏。

第二节　宪法学的政治化

天皇机关说事件和次年的"二二六"事件可以说给"宪政常道"以致命一击。之后以1937年（昭和十二年）的近卫内阁成立和中日战争的开始为界，日本的宪法政治在明治宪法典保持不变的情况下发生了急剧变化。从宪法史的角度来看，1938年（昭和十三年）国家总动员法的生效、1940年（昭和十五年）全部政党解散后大政翼赞会的创立、1942年（昭和十七年）翼赞选举等事件，导致了这一划时代的变化。换言之，国家总动员法把宪法第二章所规定的臣民的诸权利全权委任于行政权，任其自行裁决，致使议会立法权名存实亡；大政翼赞会把构成议会主义政治根基的政党彻底摧毁；翼赞选举致使议会和国民间虽不紧密但实质存在的关系彻底决裂。也就是说，从大正到昭和初期实现的明治宪法的立宪性，即议会主义运作被一一破坏。接下来，在明治宪法废墟上成立了东条政权。

如前所述，或选择沉默或摒弃宪法学转向行政法研究的学者姑且另当别论，当时讨论过宪法的所有宪法学者，多少都不得不根据政治要求去研究宪法理论。所不同的是，有的人是边劝诫政治切勿过火边去顺应，而有的人是作为政治的领头军去顺应的。

---

① "宪法学说与政治及世界观"，刊载于《中央公论》1935·昭和十年5月，是纳粹宪法论的最早之作，在那之前，不曾有公然肯定纳粹的宪法学者。

② 例如，穗积的代表著作《宪法提要》，在他去世后于1935·昭和十年由其子穗积重威推出修订增补版，直至1944·昭和十九年，该书先后修订九版。

围绕国家总动员法展开的宪法论争很好地揭示了这一点。暂且不说其法理论结构的对错,当时正面攻击该法律违反宪法的只有议会里的政党议员。在宪法学界,杉村章三郎("国家总动员法序说",《国家学会杂志》56·11,美浓部博士也基本持相同见解)发表了最接近政府的意见,他指出国家总动员法中的委任规定了特定事项,并没有超越适法限度。田上穣治("关于非常大权",《国家学会杂志》,同上)认为总动员法的委任属于"立法权向行政权的移管",如果没有宪法根据是不行的,但是该法"警示性地标明了行使非常大权的界限",所以是合宪的。

杉村—美浓部学说对政府的"先例说"做出了必须指定委任的忠告,田上指出政府的行为是通常的宪法论无法解释的异常行为。据此可以推测出他们有批判政府的意思(当时还是学生的我,以为他们的发言完全是出于对政府的批判,故而给出高度评价)。但是从另外一个角度来看,他们觅到连政府自身都无法考虑周全的理由,巧妙地使得政府行为正当化,不可否认这在客观上起到了迎合政府的效果。

事实上作为总动员法的领头军展开宪法论的当属黑田觉。他的言论里完全不见杉村、田上那种批判性思想。黑田认为,首先应该对"臣民的权利、关于自由的纯粹个人自由主义"做出反省,在此基础上,扩大非常大权的解释,继而通过强调非常大权的"精神"而非宪法条文来完成总动员法的合宪性论证("国家总动员法和非常大权",刊载于《国防国家理论》,1941·昭和十六年)。比他更重视总动员法的是同为纯粹法学主义分子的中野登美雄。他鼓吹"在世界史世纪性的转变重压之下,我国国法正在经历世纪性的大转变,对于这个转变,总动员法起到了风向标的作用"。他认为此法奠定了"我国国政的权威国家倾向"和"向全体主义性质的计划性供给经济组织过渡"的法律基础(《战时的政治和公法》1940·昭和十五年,自第 288 页)。

此外,黑田还以《国防国家理论》为根据,大力鼓吹大政翼赞会的合宪性。和他持相同立场,肯定翼赞会的还有大串兔代夫。他在《现代国家学说》(1941·昭和十六年)里主张宪法的合法性在于只要尊重国体,稍欠合法性也可以等于违反宪法条文。想在此说明一点的是,我认为黑田是完全顺应 1935 年（昭和十年）至 1940 年（昭和十五年）的政治剧变、充分发展其自身宪法理论的代表性宪法学者。

在京大事件致使佐佐木离去、机关说事件致使渡边宗太郎从宪法教席引退之后，黑田于 1935 年（昭和十年）开始担任京都大学的宪法教席。此时，凯尔森的理论已经被他抛弃，转而采纳纳粹初期的宪法学者卡尔·施米特的理论。作为教材撰写而成的《日本宪法论》上、中（1937·昭和十二年）颠覆了"用完全不同于日本宪法·宪法学的纳粹·德国御用学者们的国法学来解释日本宪法是根本行不通的"（田畑"日本宪法学界一瞥"）这一预想，巧妙地将卡尔·施米特的理论运用于日本宪法分析当中，其新异之处颇引人注目。在纳粹主义宪法论学者当中，真正做到将其理论成功用于描绘日本宪法论体系的也只有黑田。因此，黑田的理论成果是值得关注的。

施米特—黑田宪法论的成果在于，形式上完全不同于马克思主义，对于宪法领域里涉及政治的东西不是一概排除，而是理论性地追求。它包含了——对耶利内克、凯尔森等自由主义宪法学的批判、通过主权论的探讨引发的对国家主权说的批判、绝对宪法概念和相对宪法概念的区分及其在日本宪法上的应用、宪法制定权力论带来的国体新理论——等在内的如今仍然应加以探讨的重要理论问题。

纳粹主义宪法学者中卡尔·施米特的影响最大，其理论被《宪法学》（1928 年）充分运用。他的著作翻译成日语的较少，仅有《国家·议会·法律》（堀真琴、青山道夫译，1939·昭和十四年）一书。施米特的具体性秩序思想被卡尔·拉伦茨所吸收，拉伦茨的著作《现代德国法哲学》（大西芳雄译，1942·昭和十七年）译者于同年发表题为"宪法解释学的方法杂谈"（《法学论丛[①]》）一文，指出宪法解释学的研究方法既非历史法学派也不是法实证主义，而是同时采用形而上学方法和实证方法来对法进行具体性把握。奥托·克尔罗伊特是站在纳粹主义立场对施米特进行批判的，他是在纳粹的公法学界占据指导性地位的人物。关于他的译著有《纳粹德国宪法论》

[①] 原文写作"法学論叢"，日语"叢"与"叢"（即汉语的"丛"）同音，此处应为讹误。——译者注

（矢部、田川译，1939·昭和十四年）和他在日期间（1938—1939·昭和十三—十四年）的演讲集《新国家观》（大串兔代夫译，1942·昭和十七年）。克尔罗伊特的宪法理论终究无法全面适用于未能完全抹掉立宪主义色彩的明治宪法。因此，连克尔罗伊特本人在"现在日本的宪法构造"（收录于前述《新国家观》）中的分析，也是回到伊藤博文《宪法义解》的立场，主张天皇主权的神圣性，否定三权分立，指出天皇政治下的明治宪法和欧洲派立宪主义无关，而不是试着从纳粹立场进行说明。从明治宪法1939年（昭和十四年）的状况可以看出欧洲立宪主义之前的身影。它与在基本摆脱立宪主义基础上构筑起来的纳粹宪法相比，两者无论外观多么相似，本质上是根本不同的。克尔罗伊特的这一见解，远比其在日本的效仿者们科学得多。

第三节　国体论的流行和宪法学的崩溃

内务省神社局编辑的《国体论史》于1921年（大正十年）出版，它梳理了德川时代以来关于国体论的思想观点。与该书持相同立场的国体论宪法学者中，有东大继上杉之后担任宪法教席的筧克彦（《国家研究》1913·大正二年）。国体论虽然在昭和初期也有过讨论，但直接与宪法学相关联的却很少。① 然而，1935年（昭和十年）机关说事件之后，各种看似颠覆了美浓部学说的宪法论层出不穷，作为批判既成宪法学武器的国体论盛行一时。此类国体论宪法学大多以因机关说事件而形成统一战线的右翼团体、军方作为背景，极端主观，对于接连发生的宪法事件，如国家总动员法、大政翼赞会等并未发表恰当的宪法性言论，仅对政府有污点、对国体的认识不足等细枝末节进行攻击。所以，政治上自不待言，理论上，与同样不遗余力挖掘"宪政常道"的纳粹宪法论相比，这些理论明显更毫无意义。

---

① 我手头有里见岸雄的《对于国体的疑惑》（1928·昭和三年）和永井亨的《日本国体论》（同年）。

不参照欧洲宪法学的理论成果，而以独特方法研究日本宪法的有笕克彦，他依据神道精神写成《大日本帝国宪法之根本主义》（1936·昭和十一年）。上杉去世后，笕克彦与美浓部共同担任东大的宪法学教席，因其方法自成一派，故而学术影响力较小。在1935年（昭和十年）以后的反美浓部的宪法学之中，这类学术倾向几乎没有存续下去。

1935年（昭和十年）前后出现的学说中，追求更加单纯、更具政治性效果的学说不在少数。佐藤清胜的《美浓部博士的日本宪法论批判》（1934·昭和九年），以一种与欧洲各国形成鲜明对比的形式，基于日本特有的家族国家观，对美浓部的宪法论一一反驳，特别是集中攻击其将宪法政治看作议会政治的观点。"反对美浓部宪法学说的上杉慎吉学说最得我辈敬重。之所以最终无力对抗美浓部氏，是因为其学说不以日本哲学为依据，而且脱离以欧美哲学为基础的理论领域。"（第292页）这篇文章反映了当时军方、右翼倾向的宪法论，即以个人主义、自由主义之名排斥纳粹以前的所有公法理论。

前面提及的山崎又次郎所著《以国体明征为中心论帝国宪法》（1935·昭和十年），以及从民法学转向的大谷美隆所著《天皇主权论》（同年）等跟风式的宪法论，试图从传统宪法理论之中脱离出去。提倡天皇神权论的高窪喜八郎所著《以天皇及国家为中心论宪法》（同年）指出，这些著作反倒是反国体明征论的，其万世一系、与天地永存、永续不灭的观点受到抨击。一时间如此这般，宪法论开始滑向理论层面无法阐明的日本固有国体。如此一来，必须注意到一点，即在渐渐右倾化的宪法论之中，法学界的提倡者或多或少都采用了纳粹的理论，例如高窪就积极地吸收了克尔罗伊特的观点。这也是国体论宪法学的不彻底之处。以此观点看来，可以说里见[①]所著《国体法研究》（1938·昭和十三年）是最为彻底的论述。这已经同我观念中的宪法学渐行渐远了。

---

① 从日本法理研究会也可见当时的学术活跃。《帝国宪法的国体性法理》（1931·昭和十六年）。

然而持有这一倾向的宪法论,因为其自身没有积极的内容,故而一旦其针对的对方沉默,它也就会随之变得不甚活跃。

太平洋战争开始,特别是东条政权成立以后,宪法论大都隐匿起来。因为任谁都知道,明治宪法论无论如何都无法阐明此时的政治状况。①

追记：由于作者准备不足且能力有限,字数已达到了预计的一倍以上,不得不分为上、中、下三册,在此深表歉意。可以说整套书都存在这样的问题,特别是下册的第 6 章,资料不够完整,充其量只能算作不完备的备忘录。最后一章原本计划从整个宪法学说史中选取当今应探讨的问题加以整理,但因为篇幅所限不得不断然处理。在不久的将来,希望可以对包括该部分在内的章节进行全面改写。

补充注释：上述追记如实反映出当时执笔"宪法学史"时的准备不足,最终也没能兑现全面改写的承诺。此间情况详见本书"代序"。

---

① 大石在《帝国宪法与国防国家的理论》序言部分,批判性地介绍了谷口吉彦所著《新体制的理论》中的宪法修正论。

第二部　学说百年史·宪法（战前）

序　　章

　　我所面临的课题是阐述从明治维新开始，历经明治、大正、昭和三个年代，直至太平洋战争战败，约80年间日本宪法学的诞生、发展和衰败的历史。

　　针对同一时间段的内容，我已写过一篇名为"宪法学史"（《日本近代法发展史》丛书第6、7、9卷）的论文。本稿的字数不过该论文的三分之一，既不能像该论文一样详细概括宪法学史，补充该论文的缺漏似乎也与本特集的目的不符。如此一来，我所能做的就是整理迄今为止宪法学史研究中的问题点，对其加以若干解释。同时，新补充一些欠缺的问题，为后续宪法学史研究标示起跑线。

　　可能有人会认为时至今日仍说宪法学史研究尚处在起跑线未免言过其实。可是说到日本的宪法学史研究，1934年（昭和九年）铃木安藏在其先驱之作《日本宪法学的诞生与发展》（战后新版1966年）中所叹萎靡不振之状况，不仅战前，甚至在战后的宪法学界也几乎没有改善。除去铃木安藏和我，可以说新的成果几乎都是由宪法学界外部而来。[①] 在这样的现状下，作为学习宪法学之人，尝试重新划定起跑线也无可厚非。

　　那么研究日本的宪法学历史，有必要先考虑清楚宪法学究竟指什么。一般说来，宪法学是把所有宪法现象作为研究对象，分析其固有的规范性的社会科学领域。但是我们现在使用的宪法（constitution）一词，是与某一历史阶段中特定宪法现象相结合的，宪法学的确立也有其一定的历史背景。从世界史的角度看，英国十七世纪、法国和美国十八世纪以后，出现了新的宪法现象，使人们意识到了"宪法"的存在，意识到研究宪法的宪法学的必要

---

　　① 参见收录于《日本近代法发展史》丛书第7、9、10卷中的矶村哲（民法学）"市民法学"，以及中濑寿一（历史学）《近代天皇观》（1963）、家永三郎（历史学）《美浓部达吉的思想史研究》（1964）。

性。一言以蔽之,此前世界史中未曾出现的新宪法现象,在英国即是指"议会主权"和"法的支配",在法国和美国则是权力分立和人权保障。其中有着准备资产阶级革命、确保革命成果并使其发展的资产阶级民主主义性质的宪法思想、规范和制度。

到了十九世纪,宪法在欧洲各国普及,虽然各国宪法在拥有宪法法典上有共通之处,但其内容却因各国国情不同而不同,称不上资产阶级民主主义的宪法增多。德意志联邦的宪法,特别是普鲁士宪法,未必称得上立宪主义(constitutionalism)。宪法的形式和内容、法的理念和政治实态、进步和反动等诸多矛盾成为不可忽视的问题。

总之,为了宪法学的诞生,现代意义上被称为宪法的社会现象必须存在。其中最容易理解的是以宪法为名的法典《人权宣言》《权利法案》。还有代表国民的议会、独立法院的成立。此外,不仅要有宪法现象这一研究对象存在,而且必须意识到针对此对象的研究方法并不断加以锤炼。如此一来,探索包括宪法学在内的法学方法,特别是法学上固有的教义学方法便成为一项议题。当然,它不见得一定会对宪法学的成立产生积极的作用。

如上所述,在古代封建制的德川时代,显而易见既没有关于宪法的任何想法,也没有具体的规范或制度。直到幕府末期,才知道原来这些在欧美是存在着的,可以说明治维新之际,日本对于宪法的理解可谓一张白纸。我的梳理工作之所以从明治维新开始便缘于此。

第一章　明治宪法体制准备期

（1868—1888）

一、宪法思想的引入和普及

古代封建制度下长期闭关锁国的日本既无与宪法有关的新观点，也无关于欧美宪法的介绍。

据尾佐竹猛的《维新前后的立宪思想研究》（1934・昭和九年）所述，青地林宗受幕府之命由荷兰书籍翻译而成的《舆地志略》（1827・文政十年）是最早将欧美的议会政治介绍到日本的文献。这回应了为政治制度改革而煞费苦心的幕府末期政治家们的要求。除此之外，还有正木鸡窗的《美理哥总记和解》（1854・安政元年）、箕作阮甫所译《地球说略》（1860・万延元年），汉语的有裨治文著林则徐译的《海国图志》（1842・天保十三年）和其中美国部分的单行本《联邦志略》（1861・文久元年），以及惠顿著丁韩良译的《万国公法》（1864・元治元年）。① 只不过这些著作都仅局限于对外国情况的介绍。

以系统的宪法学形式首先将宪法介绍到日本的是在荷兰莱顿大学深造的两位幕府时代的留学生（1862・文久六年）津田真一郎和西周助。此二人回国后翻译了莱顿大学自由主义经济学家西蒙・卫斯林（Simon Vissering 1818—1888）的特别讲义。津田真一郎的《泰西国法论》（1868・庆应四年）和西周助的《万国公法》（同年），以及神田孝平的《性法略》（1871・明治四年）均以此讲义为基础而写成。② 这些讲义的内容对明治初期的宪法思想产生了巨大影响。津田真一郎和西周助在新政府中有着很高的地位也助推

---

① 该句中"丁韩良"应为"丁韪良"之讹误。——译者注
② 卫斯林的三部讲义著作均收录于《明治文化全集》第十三卷《法律篇》中。如果要详尽了解此处所述内容，可以说《明治文化全集》各卷都是必读文献。

了其影响。

讲义内容首先值得关注的,是对形成宪法思想基础的自然法亦即性法的介绍。《性法略》第一编第一条称"性法乃基于人性之法也",继之云"性法之根本条例曰己所不欲、勿施于人","性法之至要条例曰各人言行可充分自由,然不得以个人之自由而害他人之自由"。这其中存在以基督教·个人主义的伦理感为基础,以自由为中心的近代自然法思想。然而《性法略》并没有阐述这种自然法思想,而是将自然法作为法学通论加以论述,省略了近代自然法思想中特有的政治性格这一精髓。但是,《性法略》从自然法出发,最先教与日本人法与权利具有体系性,在这一点上具有划时代的意义。

其次是《泰西国法论》中论及关于"政府和人民之间实行的国法"体系,其中包含了宪法论的概要。在第四卷第二篇根本律法的第一章中称"根本律法乃国家最高律法",在第三章中称"根本律法所载者可分为两大纲:甲、国家居民彼此权利义务之定规;乙、国制,即建国之法制"。它阐释了所谓立宪主义宪法的定义。其具体内容反映了当时荷兰立宪君主制及听讲生(日本)的国情,可谓极为妥帖,但宪法的诸多原则几乎毫无遗漏全部述及。至1877年(明治十年)左右,该书多次再版广为流传,是加藤弘之《立宪政体略》(1868·明治元年)的蓝本。

始于对卫斯林讲义的介绍,外国宪法思想开始传入日本。从国别来看,由于语言的关系,最初荷兰较为突出,随后法国、英国思想成为关注的焦点。

介绍法国宪法思想的有箕作麟祥翻译的《法兰西法律书》——刑法(1870·明治三年)、民法(1871·明治四年)、宪法·诉讼法(1873·明治六年),近藤圭造的《法兰西五法略》(1876·明治九年),孟德斯鸠著、何礼之翻译的《万法精理》(1875·明治八年),卢梭著、服部德翻译的《民约论》(1877·明治十年),中江兆民翻译的《民约译解》(1882·明治十五年)等等。这些对法国的介绍著作,是同时代的实定法以及构成实定法思想基础的经典作品。

对英国宪法思想的介绍涉及很多法令,不过其中心是自由主义宪法思想。有约翰·穆勒著、中村敬太郎翻译的《自由之理》(1872·明治五年),永峰秀树翻译的《代议政体》(1875·明治八年)、边沁著、何礼之翻译的《民法论纲》(1876·明治九年)、林董翻译的《刑法论纲》(1877·明治十年)、岛田三郎翻译的《立法论纲》(1878·明治十一年)、佐藤觉四郎翻译的《宪法论纲》(1882·明治十五年)、布莱克斯通著、星亨翻译的《英国法律全书》(1878·明治十一年)、奥斯丁著、大岛贞益翻译的《豪氏法学讲义节选》(1880·明治十三年)、白芝浩著、高桥达郎翻译的《英国宪法论》(1883·明治十六年)。显然十八、十九世纪的经典著作几乎毫无遗漏被介绍到日本。奇怪的是,虽然英国、法国的经典作品如此详尽,但可谓这些著作起源的约翰·洛克的名字及其著作《政府论》却根本不曾出现。

作为对宪法法典的介绍,1877年(明治十年)元老院发行的田中耕造、齐藤利敬翻译、细川润次郎校正的《欧洲各国宪法》具有划时代的意义。作为同一时代的宪法,此书介绍了西班牙宪法(1845)、瑞士联邦宪法(1848)、葡萄牙宪法(1826、1852年增补)、荷兰宪法(1815、1840、1848年修改)、丹麦宪法(1866)、意大利宪法(1848)、德意志帝国宪法(1871)、奥地利宪法(1867)。

二、启蒙性宪法思想和自由民权

在明治维新开始到1874年(明治七年)左右这段巩固明治新政权基础的时期,对于该以何种形式完成明治国家的建设,人们还没有明确的设想。"王政复古"和"御一新"这样的口号本就极为矛盾,形成了新旧两大制度互相牵制的局面。为把"御一新"口号具体化,在国民中广泛普及前述外来思想,当时的新兴知识阶层(懂外语)发挥了作用。新政权的未来设想还没有条理,故而使得这一启蒙运动的内容自由而丰富。

若论介绍国外宪法状况、宣传立宪政体优点的代表性人物,在宪法领域当属"上层的民权论者"加藤弘之,从更广义的角度来说当属"民间下层的民权论者"福泽谕吉。

加藤弘之早在1861年(文久元年)就写过《邻艸》,借中国的政治状况强调开设议会的必要性,并尝试介绍欧洲各国的议会制度。到了《立宪政体略》，则相对明确地站到了近代议会中心的三权分立的立宪政体立场上。在阐述立宪政体运用的《真政大意》(1870·明治三年)中，他基于自然法思想，对平等为首要人权进行了解释。福泽谕吉把美国和欧洲的两次国外见闻写成《西洋事情》(1866·庆应二年)，介绍了欧美的政治和法律状况。《世界国尽》(1869·明治二年)、《劝学篇》(1871·明治四年)、《文明论之概略》(1875·明治八年)也为国民新思想基础的奠定做出了贡献。在美国归来的森有礼的提倡下，1873年(明治六年)成立了明六社，上述加藤弘之、福泽谕吉以及前面提到的津田真一郎和西周助，再加上中村正直、西村茂树、箕作麟祥等当时的西洋派学者基本都是明六社社员。

　　明六社作为学术团体，奉行的方针是不谈论时政。其机关杂志《明六杂志》广泛涉及政治、经济、外交、社会、宗教、法律、历史、教育、自然科学等范围，但到了1874年(明治七年)，围绕副岛等一些旧参议人员提出的民选议院论问题，明六社的政治立场则昭然若揭。社员中虽然没有人明确反对民选议院，但实际上他们所主张的渐进论与1875年(明治八年)政府的立场几近一致，虽然其理由各不相同。随着征韩论引发的政府分裂，民选议院的早期设立论与渐进论这一宪法政策上的冲突越发明显，自主自由、文明开化这一共同立场便失去了存在的理由，1875年(明治八年)通过诽谤律、新闻条例对出版的管控导致《明六杂志》停刊。

　　启蒙性宪法思想以1874·1875年(明治七·八年)为界，政府和民间的立场产生两极分化，对于外国的宪法思想，也各自站在不同立场上进行取舍。明六社中的多数社员当然主张民选议院设立为期尚早，拥护当时政府的立场。但随着政府内反对派建议设立民选议院，通过自由民权运动逐渐推进，以日本具体政治制度改革为目标的在野宪法运动及其思想逐渐形成。

　　明六社宪法思想的御用化、反动化的典型当属加藤弘之。他于1875年(明治八年)撰写了《国体新论》，从天赋人权论的立场出发，主张君主、政府的应有之态，批判国学家、汉学家的国体论。但是1879年(明治十二年)左右他开始与天赋人权说决绝，甚至主动停止再版被民权论者广泛阅读的《真政大意》和《国体新论》。以1881年(明治十四年)的政变为契机，他于次年出版《人权新说》，明确了新的立场。加藤翻译了伯伦知理的《国法泛论》（1872·明治五年），他通晓德国的一般国家学，在这一点上与其他西洋学者不同，达尔文的进化论和斯宾塞的进化哲学助推了他从自然法性质的天赋人权论的转向。

　　围绕设立民选议院问题，推动自由民权运动的宪法思想在与"为期尚早论"的交锋中发展起来。换句话说，虽然主张早期开设论，但其第一论据并不是抽象的议会论（这一点上与"尚早论"并无区别），而是对明治政权的藩阀体制和有司专制的直接攻击。针对"为期尚早论"的主帅加藤弘之可以通过选用人才克服此弊端的观点，在与加藤论争中扬名的马城台二郎（大井宪太郎）则主张议会主义应该"抑行政权而扬立法权"。作为第二论据，针对加藤弘之和福泽谕吉所主张的"与议院相比教育方为当务之急"，大井宪太郎则认为，应该重视推动人民参与政治的议院政治教育。关于基本人权，与抽象的自主自由相反，民权论者以抵抗权的思想使反政府的行动正当化，以言论·出版自由作为其发起运动的武器来反抗自上而下的镇压。以西南战争告终的一系列武力反政府运动完全失败，从而确立了和平的民权运动方向。1877年（明治十年）的立志社建议书便是很好的体现，1880年（明治十三年）爱国社发展为国会期成同盟，全国性运动达到高潮。这一时期的著作当中立志社建议书执笔人之一植木枝盛的《民权自由论》（1879·明治十二年）最引人注目，他在书中强调宪法制定与人民的自由同样非常必要。

　　在明治十四年的政变中，主张国会早期开设论的英国派议会主义者大隈的参议议席遭遇威胁，而伊藤博文—井上毅则继承岩仓—大久保的思想，确立了自己的宪法制定路线。1875年（明治八年）的渐次立宪思想因这次政变而大步跃升，促成天皇颁布1890年（明治二十三年）开设国会的敕谕。也就是说，政府的宪法思想趋于一元化，启蒙性宪法思想·自然法宪法思想就此被全部铲除。加藤弘之的转向是与政府方针的转变完全一致的。由此开始，在政府与法国派宪法思想之间，作为自由民权运动一翼的英国派宪法思想就有了存在的理由。萨长藩阀政权和自由党·改进党的对立由此形成。

三、明治十四年(1881年)政变前后的宪法构想

　　家永三郎、松永昌三、江村荣一编著的《明治前期的宪法构想》(1967)收集并介绍了从1873年(明治六年)至1887年(明治二十年)间的宪法草案共计42例。其大多数集中于1880年(明治十三年)至1883年(明治十六年)间(共33例),特别是1881年(明治十四年)就有19例。这些具体草案的编撰者,有元老院这样的政府机关,有政府官员(井上毅),有政党、社团(交询社·立志社),有民权论者(植木枝盛)。就其思想而言,从右翼国粹主义(元田永孚)到左翼主张人民主权(植木枝盛),汇集了形形色色的宪法思想倾向。

　　1875年(明治八年)渐次立宪后,明治初期时的外来思想成为日本人自己的思想,通过与日本政治相结合,在明治十四年政变前后,宪法思想进入了以实现宪法规范来积极追求宪法客观化的阶段。[①]政治层面及经济层面的利益得失、意识形态的对立均以思想性的方式进行,单从这一点来看,它所采取的表现形式非常自由。但纷争一旦以诉诸宪法典的方式来实现自身目的,它就必须根据先进资本主义诸国的范例来限定论点以及争论的形式。更重要的是,诉诸日本宪法典以实现自身构想的形式只能有一个,由此对立变得更加现实。而且,这些对于宪法典的构想分别反映了对未来日本国家的展望和对当前日本国家的批判(或者是肯定)。对于日本的宪法学来说,日本人宪法意识从宪法思想到宪法规范的扩展,预示着开始形成明确的宪法研究对象。

　　对明治十四年政变前后的宪法构想,从其宪法理论层面存在的问题点加以概括,那么第一点便是主权论问题。长束宗太郎编著的《民权家必读主权论纂》(《明治文化全集》第2卷)中收录了从1881年(明治十四年)年末到

[①] 1880年成立的国会期成同盟发动了国会开设运动,向政府施压。在重重压力下,明治天皇在1875年颁布了《渐次建立立宪政体之诏书》。1881年(明治十四年)在政变中明治天皇颁布《国会开设敕谕》,承诺10年后开设议会。1885年,伊藤内阁成立,日本开始实行内阁制。1889年制定了明治宪法,1890年开设帝国议会。——译者注

次年在《东京日日新闻》《东京横滨每日新闻》《东京舆论新志》等媒体间开展的主权论论争。主权论论争之所以成为大众传媒的热门话题，是因为——预告于1890年（明治二十三年）开设的议会在新宪法中占有怎样的地位，即1890年（明治二十三年）的日本国家体制基础应该为何——这种基于宪法观点进行讨论的思想基础已经形成。

在这场主权论论争中，《东京日日新闻》主张君主主权说，东京大学的学生渡边安积、穗积八束等人较活跃。沼间守一、岛田三郎、肥塚龙等人支持的《东京横滨每日新闻》主张君民同治的国会主权论，以大冈育造为责任出版者的《东京舆论新志》刊发的文章则显而易见主张人民主权。这场论争的特征在于虽名为主权论论争，但非但没有反对天皇的存在，反而以天皇为前提，在此基础上讨论在宪法上该如何定位议会，其讨论素材主要为英国的议会制度。结论不同源于不同的理解和解释。可以说，这场论争并未直接反映出政府对英国议会制度的否定性立场。相较于1875年（明治八年）以后渐次立宪的政府立场，1881年（明治十四年）之后的政府立宪立场更加强化了其特殊性。

在具体的宪法构想中，将主权问题明确条款化的是立宪帝政党（天子主权）、起草者不明的日本帝国国宪草案（皇帝主权）、山田显义宪法草案（天皇主权）等，它们都契合于天皇主权论。除此以外的构想，或是由于主权这一词语意思不够明确而导致对其重要性认识不足，或是基于政治上的顾虑，并未在条款中给予直接体现。我们不应该忘记，与法国宪法不同，被论者作为典范的英国、成为政府理论背景的德国国法学，均未正面涉及主权问题。

第二个问题是关于天皇的规定。把日本置于由万世一系的天皇进行统治这一外国未见先例的规定之中的，除了与明治宪法直接相关的井上毅宪法草案，以及比其更为偏右的元田草案，还有交询社的私考宪法草案。立志社以及其他自由党派则相当明确地把天皇等同于欧洲的立宪君主。这表明共和制的构想此时尚未出现。只是关于天皇的诸多条款，如不追溯草案起草者的政治思想，就无法理解这其中有多少仅为修饰，又有多少属于实质性内容。

196　　第三个问题是关于如何认定议会的地位。如同主权论论争一样,在这一点上也存在两种不同的看法,一是开始便不认可英国议会制度,一是虽然认可但在理解上存在差异,这两种看法之间有着若干对立。虽然在元田的国宪大纲中并没有出现议会条款,但是在国会开设诏令发布后,与岩仓大纲领、井上草案不同,它最低限度地认可了与天皇分享立法权的议会。在此基础上,元田大纲仅涉及了议会的构成、权限以及选举权限制等问题。但是,与一般的自由民权派不同,此时英国已不再是学习的典范,如在预算被否决情况下的按照上一年度预算执行的制度,便参考了普鲁士的宪法纷争解决方案。

　　第四个问题是人权规定。这些宪法草案仅提及国会制度而对人权并没有做出条款设计,这点暂且不论。在法律限制范围内最小限度地承认国民的"身体居住财产自由权"(元田),权利的外延各有不同,自由民权派一般把重点放在言论、出版、集会的自由上。独具一格的是自由党派,特别是植木枝盛的草案,他规定了抵抗权。

　　上述宪法构想反映出明治十四年政变前后的自由民权运动的高潮,像《明治前期的宪法构想》的编者所说,"除去个别例外,大多数的草案都有如上所述的共通的立宪主义构想,自由党、改进党派的民权论者起草的构想自不待言,连出自御用记者和政府官僚之手的也与其保持一致,仅有程度之差而已。"问题是,虽然明治1910年代一般性宪法构想已然存在,但实际上明治宪法是在抵御这类宪法构想的状态下产生的,特定的宪法理论已然形成。

197　四、明治宪法的制定

　　明治宪法的制定过程就是在克服了上述一般性政治、社会思想、特定意识形态等诸多矛盾后,多种宪法构想逐渐形成为一部统一宪法典的过程。至此,我们交代了日本宪法学的前史。

　　关于明治维新至1889年(明治二十二年)宪法制定史的详细内容,可以参考收罗了很多重要资料的稻田正次两卷本大作《明治宪法成立史》(1860—1862)。对于明治宪法制定史来说,明治国家的权力思想及其自上而下的运行机制具有极为重要的意义。

明治维新后不久,左院组织了"国宪"调查①,1875年(明治八年)的大阪会议之后,元老院起草"国宪",但无论哪一方都没有摆脱翻译味道浓厚的格调,这与明治十四年政变之后,立宪充分考虑日本固有国情形成鲜明对照。换言之,明治宪法的实质性制定工作,是在与自由民权式的宪法构想相对抗的过程中进行的,可以说,作为参议代言人的大隈的下野标志着明治立宪的真正开始。②

直至1883年(明治十六年)去世,作为明治国家实际领头人的岩仓具视一直尝试把立宪政治植入日本固有国体之中,推动其变革。为防止走向极端,他更加强调巩固"帝室基础"的必要性。出身公卿的岩仓在立宪改革中,以传统皇室为中心,坚持万世不变的国体,这是多么保守的观念。日后成为日本宪法学核心议题的国体政体二元论由此萌芽。

1881年(明治十四年),岩仓与井上毅合作《大纲领》《纲领》《意见书》(一、二、三),规定了宪法制定的基本方针,提出了明治宪法应采取的基本原则。

《大纲领》第十八条规定了:第一,钦定宪法主义;第二,皇室的规定不写入宪法,实行皇室自治原则;第三,广泛的天皇权力。并且阐释了大臣对天皇的责任、两院制、限制选举及值得关注的上年度预算沿袭制等问题,但对人权问题却只字未提。1881年,在国约宪法论或民约宪法论、大臣对议会所负责任,以及自由民权成为热议问题的背景下,《大纲领》的上述内容充分体现了岩仓"国体"论对立宪政治的鲜明态度。关于政体问题的阐释体现在"意见"中,这里作为样板的不是英国而是普鲁士。岩仓—井上的合作在岩仓去世后便由伊藤博文—井上接续。从岩仓到伊藤的变化,尽管仍处于同一轨道内,但随着宪法制定工作不断具体化,工作重点由国体顺利转移到政

---

① 左院和右院是明治初期太政官制下的咨询机构。1871年7月设置。左院为立法咨询机关,议员分三等,议长由参议兼任,或从一等议员中任命。1873年集议院废除后,负责草拟宪法。右院由各省长官、次官组成,草拟法案,审议行政利弊。1875年设立元老院、大审院后,两院同时废止。——译者注

② 始于1874年的自由民权运动提出的最大目标是设立民选议会。伴随斗争白热化,政府不得不开始思考对应方法。在政府征求各位参议意见时,大隈重信上奏了连伊藤博文也望尘莫及的激进方案,结果遭到罢免。——译者注

体上面。而且虽然当时走的是普鲁士式道路,但日本未曾有过的立宪主义观念也开始以多种形式体现出来。

如前所述,加藤弘之否定自己的天赋人权论,发表《人权新说》(1882·明治十五年)正是在这个时期。与直至最后都是秘密行动的官方立宪不同,事实上与官方理论一脉相承的《人权新说》的公开发表,旋即成为自由民权论者的责难对象。

《人权新说》基于进化论立场宣扬了适者生存、优胜劣汰学说,正面否定了天赋人权,批评卢梭为"古今未有的妄想论者",反对权利生而平等,倡导基于优胜劣汰的"上等平民"政治。其法律思想中尤其值得关注的是权利与国家同时产生,个人权利应该由国家权力保护的观点。在选举问题上,他排斥普通选举,提倡顺应民情风俗的渐进主义观念。

为反驳加藤弘之,出现了矢野文雄的《人权新说驳论》(1882·明治十五年)、马场辰猪的《天赋人权论》(1883·明治十六年)、植木枝盛的《天赋人权辩》(1883·明治十六年)等大量著述。交询社的矢野文雄把所谓的权理分为法权和理权,把道理作为理权的基础,指出道理就是"最大多数人的最大幸福"。他个性化地借用富有自然法特征的边沁理论,对专注于法权的加藤弘之进行了批判。而自由党派的马场辰猪和植木枝盛则站在自然法、天赋人权的立场上正面驳斥了加藤弘之。在这里,被他们尊为典范的不是边沁而是卢梭。

继上述宪法思想的对立和标志掌权方思想确立事件之后,人们关注的是先行于明治宪法制定的明治国家体制整备的动向。这一问题非常重要,因为明治宪法不仅对国家基本制度未做任何规定,而且也没有关于宫中、军队、最高统治机关问题的规定。

1878年(明治十一年)参谋本部从太政官中独立,从而确立了军队统帅权的独立。1885年(明治十八年)内阁制取代太政官制,此时随着内大臣的新设,宫内省从内阁中分离出来,宫中与府中的区别变得清晰。1888年(明治二十一年)设立了枢密院,作为审议皇室典范、宪法草案并且对解释存疑问题进行判断的天皇咨询机构。明治宪法并未规定参谋本部、内阁、枢密院等组织及其权限,但毫无疑问,它们是明治国家的中枢机构。

第二章　明治宪法体制确立期

（1889—1912）

一、明治宪法的成立和《宪法义解》

　　明治宪法发布之后，报纸、杂志、图书上充斥着关于它的解说。据铃木安藏《宪法解释资料》（1936·昭和十一年）序文描述，在宪法发布后不久，光是能够查明的宪法释义就有六十余册，未被发现的还有数十册。家永三郎在《日本近代宪法思想史》（1967·昭和四十二年）中指出，仅他读过的就逾三十册。

　　刊登在报纸、杂志上的有"大日本帝国宪法解释"（《东京日日新闻》连载）、"宪法解释"（《邮便报知新闻》连载）、"宪法论"（《每日新闻》连载）、"帝国宪法义解"（《时事新报》连载）、"通俗宪法注释"（《朝日新闻》连载）、"通俗宪法解释"（《绘入朝野新闻》连载）、"宪法一斑"（《国民之友》连载）、"通俗大日本帝国宪法讲义"（《中外法律集志》连载）、高田早苗的"通俗大日本帝国宪法注释"（《读卖新闻》连载）、町田忠治的"宪法评论"（《朝野新闻》连载）等等。

　　单行本有土屋弥十郎的《傍训通俗大日本帝国宪法注解》（1889·明治二十二年2月）、今村长善的《帝国宪法解》、园田赟四郎编著的《大日本帝国宪法正解》、关直彦的《大日本帝国宪法》、矶部四郎的《大日本帝国宪法注释》、东京出版会社版的《大日本帝国宪法俗解》、丸山名政的《大日本帝国宪法注释》、中野省吾的《大日本帝国宪法说明》、渡边亨的《通俗大日本帝国宪法释义》（同年3月）、坪谷善四郎的《大日本帝国宪法注释》、矶部四郎校订井上经重著述的《大日本帝国宪法注释》、志方锻的《大日本帝国宪法义解》（同年4月）、辰巳小次郎的《大日本帝国宪法正解》、城数马的《大日本帝国宪法详解》、壁谷可六和上野太一郎合著的《帝国宪法义解》、竹村钦次郎的《帝国宪法正义》、樋山广业的《大日本帝国宪法释义》以及山田喜之助、江木衷、涩谷慥尔合著的《帝国宪法要义》、井上操的《大日本帝国宪法述义》等等。

上述著作的内容可参见家永的著作，此处不再赘述。从单行本图书出版日期便可看出其中多数都是在宪法发布（2月11日）后立即发行的，当然谈不上是什么系统的宪法书，也不是严密的体系化解释，具有极强的应时解说书的性质。这些著作反映了当时国民的宪法思想，为后续宪法学研究打下了基础，但还称不上是日本的宪法学。

以伊藤博文之名于1889年（明治二十二年）6月发行的《宪法义解》，虽同样是宪法解说性书籍，但它体系化地反映出了宪法制定者思想，具有重要的意义。在枢密院的议前会议上分发了以伊藤博文为中心，井上毅、伊东巳代治、金子坚太郎等人合编的《原案理由书》。以此为基础加以润色后形成"宪法"文件，在宪法发布之后，经过宪法起草者加上穗积陈重、富井政章、末冈精一等学者的共同讨论，最终完成《大日本帝国宪法义解》。它虽然不是官方出版物，但带有半官方性质，是明治宪法解释的最权威基准。

虽说贯穿《宪法义解》的理论体系在政治上是绝对主义，但它却是一部企图对以近代宪法典形式呈现的天皇制日本进行毫无违和感说明的文本。当然明治二十年代的日本虽然说是绝对主义，但如果和十七、十八世纪的欧洲各国的绝对主义进行比较的话，其资本主义经济制度是相当先进的。另一方面，虽说采用了近代的宪法典，但如果与十八世纪末的法国、美国相比，它对封建制度的妥协更加明显。为了对此进行统一的说明，有必要建立日本特有的理论体系。

《宪法义解》首先认可了宪法典的必要性，但将宪法的意义作如下消极看待。即如同"宪法并非表示新设之意，固有的国体通过宪法而愈加巩固"（岩波文库本，第22页）所说一样，体现出"国体"永恒不变，宪法只是对其进行巩固而非改革的这一基本态度。明治宪法并没有创造新的国家，只是让明治国家拥有了宪法。因此，宪法规定的"政体"与永恒不变的"国体"相比，政治上的重要性极小。这一基本态度是在岩仓的《大纲领》发布以来，明治政权一贯采取的态度，穗积八束对其直接继承并加以强化。

国体的中心不言而喻即是天皇。明治宪法使用了"天皇总揽统治权"这一表述，虽然没有明确说明天皇是否是主权者，但是在《宪法义解》的第四条说明中，以"总揽统治权就是主权之体，依据宪法条款行使便是主权之用"的表述（第 27 页）明确了天皇主权。因此，作为主权者的天皇，如文字所述"神圣、不可侵犯"，"独以不敬难以治其身，是为指责议论之外而存在"（第 25 页），意即对天皇的任何批判，甚至谈论都是不允许的。明治宪法的制定者无视近代宪法关于君主的立场，哪里是君权神授论，从中简直可以看出天皇即神这一宪法论的萌芽。

《宪法义解》在区分国体与政体的基础上，对明治宪法的政体作如下考虑。把十八世纪末流行的三权分立理论视为错误思想加以否定。为了避免被指责专制，它考虑天皇统领下的机构即职能分割，"宪法乃适当分责于国家各职能部门，使之系统运作者"。明治立宪脱离了欧洲立宪主流，并未与议会主义、三权分立相结合，仅在宪法钦定、主权自治、国家机关分权等方面表现出了立宪的迹象。

作为三大主要机关——内阁、议会、法院之一的议会，本应是立宪主义中心，但《宪法义解》对它是如何规定的呢？议会被规定为"有议法之权，无定法之权"的机关（第 65 页）。在制宪的御前会议上，伊藤博文提案中的天皇立法权需经议会"承认"。在森有礼的反对下，又将"承认"修改为"协赞"，这很好地反映了上述关于议会的定位。另外，《宪法义解》规定"议会不仅参与立法，同时还负有间接监视行政的责任"（第 65 页），这就否定了议会对行政的直接监视。伊藤博文在御前会议上认可的宰相对议会的责任，到了《宪法义解》被改为对天皇负责，"裁定其责任者须是一国主权者"（第 86 页）。在此基础上规定："第一，大臣按其职务履行辅弼之责，且负有替代君主履职之责；第二，大臣直接对君主负责，间接对人民负责；第三，裁定大臣责任者乃君主而非人民"（第 87 页）。此处我们可以清晰地看到《宪法义解》中全无近代宪法中的责任政治精神。

另外需要指出的是,《宪法义解》在臣民权利义务的章节中,将其源头追溯为"在其上则心怀珍重之意,将其视为邦国之宝,在其下则自愿服从大君,自视为幸福的臣民"(第 46 页)这一日本的"典故旧俗",完全否定天赋人权论,把臣民权利只诉诸于法律规定的层面,至于是对谁负有权利则没有作出明确说明。

宪法发布之后,也有不少宪法解说体现了自由民权思想,指出明治宪法体现了君民共治思想,而《宪法义解》则非常明晰地阐释了明治宪法的本质,它对此后宪法解释与立法,以及宪法学说的形成都产生了决定性影响。

二、日本宪法学的成立

穗积八束结束长达六年的德国留学,于明治宪法发布之年 1889 年(明治二十二年)回国,作为东京大学法学教授开始担任宪法教席,直到 1912(大正元年)退休为止共执教 24 年。

穗积八束在回国之后不久于宪法发布数日前发表论文"新宪法的法理及宪法解释的心得",将其观点直截了当地归纳为如下五点。此论文并非深思熟虑之作,但极为鲜活地呈现出他的观点。

(一)帝国宪法乃钦定宪法。

(二)宪法颁布仪式即宪法修改仪式,亦即改立君独裁制之不成文宪法为立宪君主制之成文宪法之大典。

(三)新宪法颁布后之日本,乃立宪制君主国,而非议院制君主国。

(四)我国国体与新宪法发布后国体之法律联系,并不因新宪法颁布而断绝。

(五)宪法成典或非宪法整体,故若需就我新宪法释法,日本国体史自不待言,如不抵触新宪法,古来法令习惯亦可以参酌判断。(《穗积八束论文集》第 10 页)

在以上五点中,(一)和(四)所示关于国体的看法是岩仓《大纲领》以来的观点。在若干方面,穗积宪法学是和《宪法义解》站在不同立场上的,但是作为最早的、正统的明治宪法学说,能够长久占据东京大学宪法教席,依靠的就是此国体论观点。穗积通过严格区分国体和政体,防止资产阶级改革改变绝对主义天皇制的本质。

(二)和(三)是政体论。根据穗积的观点,宪法发布后的日本从君主独裁制转变为立宪君主制。所谓立宪君主国,与君主独裁制不同,它实行权力分立且设立国会,但这个国会只不过是"参与主权之用"的立法机关。在这一点上,与国会拥有主权的议院制君主国(英国)不同。他指出权力分立是立宪制的标志,在这一点上与否定权力分立的《宪法义解》是不一样的。虽然承认权力分立,但并非是什么进步。对于充分了解欧洲各国为开设国会而限制政党扩张的穗积来说,权力分立是防止政党扩张的防护墙。

(二)和(五)体现穗积的宪法学方法论。穗积不重视新宪法典的制定,他把明治宪法的制定看作是对宪法的修订,把宪法典看作宪法的一部分,大幅度认可自古以来的习惯法的活跃范围。体现了他作为一流宪法学对于历史方法的重视。

穗积于明治十七年到明治二十二年(1884—1889)间,在德国的海德堡、柏林、斯特拉斯堡等大学跟随舒尔茨、拉班德、佐姆等教授钻研欧洲制度沿革史和公法学。他在著作中屡次引用德国历史法学派萨维尼的观点,强调历史方法,这里面有多层意义。

第一,日本的宪法学是在充分吸收德国公法学这一学术氛围中开始的,这一点颇为引人注目。前述加藤弘之的先驱性作用从这里便能清晰体现。

第二,穗积对历史方法的强调,意味着他否定了基于自然法思想的自由民权宪法论。仅以明治宪法是自上而下的钦定宪法这一历史事实便否定了民约宪法论。

第三,穗积强调日本固有传统的历史性研究方法,从法理上、特别是私法的理论构成上否决了宪法论。他对于国家法人说的暧昧态度以及对天皇机关说的反对态度便是其中的一种表现。

第四,穗积的历史观以日本国体史为中心,他从历史学角度主张的天皇制是独特的,无法与外国的制度进行比较,故而缺乏比较法视角。

第五，在与外国制度进行比较时，他列举欧洲的过往、基督教以前的希腊、罗马、古日耳曼等，来作为家族制度国家观的依据。①

家永在《日本近代宪法思想史研究》中列举同为东京大学出身的有贺长男［著有《帝国宪法讲义》(1897·明治三十年)和《国法学》上、下卷(1901—1902·明治三十四—三十五年)］、末冈精一［著有《比较国法学》(1899·明治三十二年)］和一木喜德郎等同时代的宪法思想，着眼于天皇机关说，认为这些宪法思想与穗积相比更为正统派，更接近《宪法义解》。而对包括我在内，认为穗积是正统派的一般说法提出了质疑。但是，原本在《宪法义解》中，岩仓派的国体论和某些资产阶级的政体论就同时存在，穗积与前者同源，而有贺等与后者关联。如果要说哪一方是正统，首先要看哪一方体现了明治国家的本质吧。而且从宪法学说的角度来看，无论是量还是质，有贺等人的业绩都是无法和穗积相提并论的。有了穗积八束才有了日本宪法学，这一点应该是毋庸置疑的。正是穗积与其后继者上杉慎吉共同创造出了与明治宪法制定以来截然不同的宪法学说，这一点不容忽视。

1894年(明治二十七年)清水澄、副岛义一，1897年(明治三十年)笕克彦、美浓部达吉，1902年(明治三十五年)市村光惠，以及次年上杉慎吉分别从东京大学毕业，日本宪法学的第二代研究者开始形成。

---

① 穗积的主要著作有《宪法提要》上下卷(1910·明治三十四年)，以及据说在其一生中共售出二十万部的《宪法大意》(1896·明治二十九年)。

第三章　明治宪法体制重整期

(1913—1931)

一、资本主义的发展和宪法学

宪法学在明治宪法成立的同时开始萌芽,宪法学的发展同样也与明治宪法的实施过程——即宪政的具体开展——是相对应的。资本主义的急速发展为这一新宪政的发展提供了基础。

众所周知,日本资本主义在日清、日俄战争后,从产业资本主义阶段过渡到了垄断资本主义阶段。这一转变给日本的社会结构带来了很大的变动,并且对宪法政治也产生了极大的影响。

自1890年(明治二十三年)国会设立以来,藩阀政权和民党的对立冲突比预想的更加激烈,内阁的超然性逐渐崩溃,政党内阁的倾向愈演愈烈。1902年(明治三十五年)的众议院选举中对资格的限制直接使国税从15日元减少为10日元,矛盾从而得以缓和。随着众议院中地主代表减少、银行工作人员和律师等当选者增加,这一倾向在1912年(明治四十五年)的选举时最为明显。可以说,从地主代表占主导到资产阶级代表占主导这一众议院的动向,象征着从明治末期到大正时期的宪政变化。

"大正民主主义"时代从集结政党势力推翻元老山县有朋支持的桂太郎官僚内阁的第一次宪政拥护运动(1913·大正二年)开始,经过原政党内阁的成立(1918·大正七年),到第二次宪政拥护运动后护宪三派内阁的成立(1925·大正十四年)为止。它是一个使明治宪法制定者们建立起来的明治国家顺应资本主义发展,进行资产阶级式重整的时代,因此它理所当然地反映社会意识,增强新宪法学的倾向。

象征着明治时期到大正时期的转换及明治宪法体制重整的,是从明治四十五年到次年即大正二年（1912—1913年）间将公法学界一分为二的上杉·美浓部论争。通过星岛二郎编著的《上杉博士对美浓部博士最近宪法论》(1913·大正二年)中所收录的16篇论文便能洞悉该论争。论争的一方是穗积八束和上杉慎吉，另一方是美浓部达吉和市村光惠以及众多支持者。关于他们之间的争论点，美浓部自己认为有如下几点：

第一点是关于立宪政治的本义，是采取形式上的三权分立还是采取国民的政权参与之间的对立。

第二点是把议会仅作为君主统治的政府部门和把议会作为国民的代表者之间的对立。

第三点是把议会仅作为立法机关和行政监督机关，否定对国务大臣的问责，与承认大臣对议会的责任之间的对立。

除此之外，还有君主在宪法上的权力、立法权的范围、法律和命令的界限、效力的大小、紧急敕令的承诺、国务大臣的地位、宪法的最高解释权、臣民的自由权等等，争论点几乎涉及宪法的所有内容。美浓部认为自己的主张是为了"立宪政治"，穗积—上杉学说是宣传"专制政治"的学说，而穗积—上杉则认为美浓部的学说只不过是"关于国体的异说"。上杉一派重视拥护国体，而美浓部一派则重视议会制。

上杉·美浓部论争是以国体（传统的天皇制）为中心对明治宪法进行解释，与重视象征议会（资产阶级化的国家机关）对明治宪法进行解释之间的两种观点的对立，双方在宪法解释论层面是极端对立的。但是在政治本质论的层面，并不是一方拥护天皇制，另一方进行否定的这种对立。双方是把明治宪法本来就有的阶级矛盾极端扩大化了。

可以说这场论争是以美浓部一派的胜利而告终的。但美浓部的胜利并不意味着美浓部的宪法学说成为了通说。较为妥当的理解是，它具有揭示穗积—上杉派的天皇即是国家、臣民绝对服从天皇等对明治宪法的封建性解释已不符合时代要求这一消极意义。

例如，在此次争论中，美浓部从宪法论中去掉国体的概念，仅以政体的概念解释所有的国家形态。然而此后虽然很多宪法学者反对穗积—上杉派的国体观,但也并没有赞同将国体从宪法论中完全去掉的美浓部学说。多数学说都用讨论主权所在的国体和讨论主权作用的政体这一形式上的二元论来解释宪法。所谓的折中派学说居多。

国家法人说、天皇机关说等美浓部的学说也没有直接成为通说。宪法政治的资产阶级化要求对明治宪法做出更具资产阶级性质的解释。敏锐觉察到这一点的正是美浓部宪法学。①

二、美浓部宪法学和民主主义论

美浓部于1897年(明治三十年)从东京大学毕业,赴德国、法国、英国留学三年后,于1902年(明治三十五年)开始担任比较法制史课程教席。然后在1908年(明治四十一年)继一木喜德朗之后开始担任行政法课程教席。美浓部在东京大学与上杉慎吉共同担任宪法课程教席是1920年(大正九年)之后的事情。通过这些我们可以得知美浓部的专业一开始是法制史,然后是行政法,后来在研究德国新兴的以耶利内克为中心的一般国家学的过程中逐渐对日本宪法产生了兴趣。

可以称为其处女作的《日本国法学》第一卷(1906·明治三十九年)和引发与上杉论争的《宪法讲话》(1912·明治四十五年)是他初期较引人关注的著作。在论争爆发后出现一段空白时期,待他担任宪法课程教席之后,《日本宪法》第一卷(1921·大正十年)、《宪法撮要》(1923·大正十二年)、《逐条宪法精义》(1927·昭和二年)等代表作应运而生。与此同时,收录在《时事宪法问题批判》(1921·大正十年)中的多篇论文表明,美浓部对于每年重要的宪法问题逐一发表了值得关注的观点。

美浓部宪法学以法制史的研究为出发点,他研究的是西欧的近代公法史,与穗积研究的历史范畴完全不同。因此他是通过作为同一历史范畴下的国家、宪法、立宪政治、议会主义、大臣责任制等来把握英法德日所有的宪

---

① 成为论争契机的两部著作是上杉慎吉的《国民教育帝国宪法讲义》(1911·明治四十四年)和美浓部达吉的《宪法讲话》(1912·明治四十五年)。

法的。这是一般国家学的方法,它存在着忽略各国历史发展阶段的差异,忽略各国固有的宪法观、制度的弊端,这一点不可否认。在该点上和穗积学说对照鲜明。美浓部把欧洲宪法的诸多概念直接应用于日本宪法,把超出范围的国体、神权说的天皇,以及其他的专制要素——从自己的宪法学中去除。他并不是完全否定这些要素的存在,而是从宪法学观点加以否定,尽可能地对明治宪法进行合理的解释。

美浓部宪法学是明治宪法的解释论,并不是科学的、实证的认识论。与其说美浓部宪法学是对明治宪法的原原本本的解释,不如说它是对明治宪法的资产阶级化解释。可以说战前的宪法学基本上都是将明治宪法的条文解释加以体系化,而不是对作为社会现象的宪法进行科学性认识。而且既然是解释,就难免按解释者的意识形态,将明治宪法进行超越实体的美化或者加以反动的描述。

大正时期(1912—1926),和美浓部在宪法领域所起的作用一样,以"民本主义"闻名的吉野作造在政治领域也起到了几乎同样的作用。吉野将近代宪法的特色归纳为三点:(1)人民权利的保障,(2)三权分立主义,(3)民选议院制度。吉野所说的三权分立中最主要的是司法权的独立,认为对人民权利的保护和对其代表机关的重视是近代宪法的特色。站在这一立场上,吉野自1919年(大正八年)以后对既存的国家体制进行了充分的批判。

第一是在第一次世界大战后的反战氛围下对军部的批判。这一批判成为从宪法论角度对帷幄上奏的"双重政府"的批判。在当时的宪法学界,上杉对明治宪法的第十一条、第十二条中的非国务大臣辅佐事项进行了批判,美浓部把第十一条划为军令,把第十二条划为军政,将帷幄上奏权限定在前者,将国务大臣的辅佐权限定在后者。吉野的批判则是美浓部学说的政治版。第二是由此展开的激烈到被检察院传唤的枢密院改革论。吉野的改革论是近乎废止论的,与此相对,美浓部则按法律学家的做派,对枢密院的权限进行了严格的论述。第三是关于贵族院的改革论。吉野在推翻以贵族院为中心的清浦内阁的第二次护宪运动的背景下,提议对品质低下的贵族院进行组织改革,而美浓部的贵族院批判则是针对其权限。

如上所述，吉野和美浓部均批判的军部、枢密院和贵族院，无论是否有宪法上的规定，都是构成绝对主义天皇制中枢的国家机关。如果没有这些批判，天皇制的资产阶级化是不可能实现的，这有目共睹。这就是体现第一次世界大战后经济繁荣、政党政治扩张、资产阶级民主主义政治思想扩大这一现状的"大正民主主义"宪政发展动向。

三、日本宪法学的发展

宪政的发展历经大正时期，通过上杉·美浓部论争，不仅把带有明显立宪主义、资产阶级倾向的美浓部宪法学推上统治地位，而且使它成为相当程度上公认的学说。美浓部的第一部论文集是前面提到的《时事宪法问题批判》(1921·大正十年)，到第二部《现代宪政评论》(1930·昭和五年)，他已与吉野持相同改革论，支持政党内阁的成立。及至第三部《议会政治的讨论》(1934·昭和九年)，他站在已经确立的政党内阁的立场上，以所谓的执政党的态度对议会政治进行了探讨。由此我们可以看出，美浓部学说和权力的结合相当紧密，正如政党通过议会抓住枢密院、元老这些天皇制上层一样。

美浓部门下出现了一批著名学者，如大正末期的宫泽俊义，后来在东京大学担任宪法课程教席，以及昭和时期的田中二郎(担任东京大学行政法课程教席)、柳濑良干(担任东北大学行政法课程教席)、田上穰治(担任一桥大学宪法和行政法课程教席)、鹈饲信成(担任京城大学宪法课程教席)等，这些人活跃在第二次世界大战前至战后，成为第三代宪法学者。

第一次世界大战后，符合日本社会急剧变革的各式各样的新学术倾向从同样历经"战后"社会动荡的欧洲传入日本。这一时期整个法学领域都呈现出新动向，如法哲学盛行，爱弥尔·拉斯克、施塔姆勒、拉德布鲁赫等新康德派开始对新的法理念进行探究；自由法学派介绍到日本后，牧野英一的刑法上的目的论解释引人注目；埃利希的法社会学介绍到日本后，末弘严太郎的重视事实的判例研究开创了一个新时代。穗积—上杉的概念法学思想及美浓部的自由目的论解释研究反映出宪法学领域的一个动向。

213

以美浓部为基准放眼昭和初期的宪法学界,从上述他的门生中产生了一股新的学风。此外以与美浓部抗衡的形式,京都的佐佐木惣一也形成了一个学派,田畑忍(宪法)、矶崎辰五郎(行政法)、大石义雄(宪法)等均是他的门生。

美浓部在方法上依据的是格奥尔格·耶利内克,但是批评其方法二元论——法学方法和社会学方法——的汉斯·凯尔森的纯粹法学在昭和初期的日本也吸引了黑田觉(担任京都大学的宪法课程教席)、清宫四郎(担任京城大学的宪法课程教席)、柳濑良干、横田喜三郎(担任东京大学的国际法课程教席)等人。凯尔森的纯粹法学把法单纯地看作是应然世界(Sollen)之物,以期它和一切政治内容无关。因此,在第一次世界大战后的革命形势中它与共产主义对立,在1930年前后又与日渐兴起的法西斯主义相对抗。马克思主义凭借大众传媒在日本风靡一时,另一方面,纯粹法学在"九一八"事变发生之前的昭和初期一时间引起轰动,所以绝不能说这些政治事件和纯粹法学毫无关系。但是,日本没有出现与凯尔森一样有明显政治觉悟的凯尔森式学者,所以这一盛行也可以看作是法哲学、方法论盛行的一种不同的表现形式。

以《日本宪法要论》(1930·昭和五年)为代表的,佐佐木对明治宪法的解释,其特点在于它极为严格地操作形式逻辑,与纯粹法学相似,它无视法的逻辑,表现出对政治的强烈抵抗。

但是,在这一时期做出最多工作的还是构成学界基准的美浓部本人。从1934年(昭和九年)以美浓部退休为契机出版的论文集《日本宪法之基本主义》《法之本质》《凯尔森学说的批判》《公法和私法》便可以看出其当时的活跃程度。

第四章　明治宪法体制崩溃期

（1931—1945）

一、科学性宪法学的登场

以美浓部为中心发展起来的日本宪法学几乎毫无例外均是受到德国公法学影响的解释学。宫泽俊义是跳出这一框架、提出宪法学新方向的第一人。通读最近陆续出版的《宪法的原理》《宪法的思想》《宪法和政治制度》《日本宪政史研究》《宪法和审判》《公法的原理》《法律学中的学说》等书中收录的战前的论文，便可了解战前宫泽宪法学的全貌。其中有此前日本宪法学中不曾出现过的新的研究内容。

宫泽宪法学的研究对象没有局限在解释论框架之中，他广泛涉及与宪法有关的原理、思想、学说等意识形态，以及议会、法院、内阁等宪法制度。冷静、客观地处理研究对象是宫泽论文的共同特色，但其中隐藏了资产阶级民主主义的一贯态度。与其老师美浓部相比，宫泽缺少的是对现实中宪法问题的关注。他在有意识地扩大研究对象，却没有触及具体的宪法关系。

不仅研究对象是新的，而且使用马克思主义这一对宪法学来说尚属全新方法而备受关注的是铃木安藏。铃木的研究主要集中在明治宪法史，著有《宪法的历史性研究》（1933·昭和八年）、《日本宪政成立史》（同年）、《日本宪法学的诞生与发展》（1934·昭和九年）、《日本宪法史研究》（1935·昭和十年）等书。其中《日本宪法学的诞生与发展》因为最先着眼于我现在正在从事的日本宪法学史的研究而受到关注。另外，作为唯物论方法的表现，全书中的一册面世的《比较宪法史》（1936·昭和十一年）起初是要写马克思主义国家论的，但是因为"在如今的形势下终究无法继续书写"（序言）而取了如上书名，这在学院派宪法学中极为少见。

马克思主义对法学的影响与其他的新倾向一样，出现在第一次世界大战之后。其中以唯一的苏维埃法研究者山之内一郎、民法的平野义太郎、杉之原舜一和刑法的风早八十二等人为代表，但是这种唯物史观的方法直到1935年（昭和十年）左右才终于在宪法研究中出现。无疑，着先鞭自觉开创"作为社会科学的（宪）法学"的是当时日本唯一的社会科学马克思主义，其他法学领域亦然。

但是，宫泽和铃木朝着新方向发展的同时，占支配地位的美浓部宪法学遭到扼杀，以1935年（昭和十年）的"天皇机关说事件"为导火索，进入到所有科学的宪法学都将不复存在的黑暗时代。

二、天皇机关说事件和宪法学

关于天皇机关说事件，除了我的《昭和宪法史》，很多著作和论文都有提及，最新的当属曾身处其漩涡之内的宫泽在《法学家》上连载的论文《天皇机关说事件》上下，1970·昭和四十五年），它作为史料颇引人关注。

在作为"大正民主主义"成就的政党内阁的影响下，宪法研究比之前稍显自由，但随着1928年（昭和三年）张作霖被暗杀、1931年（昭和六年）的"九一八"事变而引起的政治反动，宪法研究逐渐受到了限制。先是在1933年（昭和八年）的泷川事件中强烈主张大学自治的佐佐木离开了京都大学，继而1935年（昭和十年）美浓部的天皇机关说被认定为反国体的国禁学说，致使他失去一切公职，《宪法提要》《宪法精义》等大部分著作被禁止出售。虽然上杉·美浓部论争可以说是学术论争，但自贵族院右翼议员开始，甚至连当时的政府（冈田内阁）也被卷入对天皇机关说的批判，可以说是毫无学术性质的政治事件。不过正是这一政治事件，对宪法学的历史产生了决定性的影响。

批判这一事件的铃木对当时学界的氛围作了如下描述：

> 美浓部博士的主要著作被禁售后，京都大学自发停止天皇机关说论者渡边教授的宪法课程；九州大学法文学部遵循文部大臣所发国体明征劝谕精神，规定今后全部禁止使用带有"机关"字眼的文字；东京大

学的宫泽教授同样表明谨慎之意,佐佐木博士决意辞去神户商大的教职等等。事实上不但机关说学者被从这些主要大学的宪法教席中肃清,而且大多数学者断然决定不再出版自己的著作或者对自己的著作进行重新修订。更甚者,最近高等文官考试委员也多任命像佐藤丑次郎博士这样主张天皇主体说、反对国家法人说的学者,因此在国内宪法学说由国家指定的实际情况便逐渐应运而生。(《日本宪政史研究》第329页)

学界中并非没有对天皇机关说事件的间接批判,但是一般都是如上状况,连铃木不久也变得不能随意发言。在这种情形下,发生了下面的事情。

此时纯粹法学的新倾向也停滞不前,只有被称为"凯尔森右派"的两位教授得以以更新的形式继续工作,即从凯尔森转为引进卡尔·施米特的黑田觉,以及引入克尔罗伊特的中野登美雄,克尔罗伊特批判作为纳粹化先驱的施米特的"自由主义倾向"。

机关说事件直接将至今在学界中被忽视了的右翼宪法思想暴露出来。陆军中将佐藤清胜的《美浓部达吉博士的日本宪法论批判》(1934·昭和九年)、里见岸雄的《帝国宪法的国体学研究》(同年)以及国士馆的蓑田胸喜的小册子等均是此类思想。在学界内,有山崎又次郎、佐佐木门生佐藤谦让的《国家法人说的崩溃》(1935·昭和十年)等。

由于美浓部的著作被禁止出售,穗积的代表作《宪法提要》在其去世25年后于1935年(昭和十年)由其子穗积重威进行修订增补,出版后不断再版,产生了至1944年(昭和十九年)已出九版的怪现象。

三、宪法学的政治化和崩溃

天皇机关说事件后,次年发生了"二二六"事件,再下一年近卫内阁成立及中日战争爆发,从而进入了战时体制,"宪政常道"没能再次恢复。从宪法史角度来看,这一时期引人关注的大事件有:1938年(昭和十三年)国家总动员法的成立、1940年(昭和十五年)全部政党解散后大政翼赞会的创立、1942年(昭和十七年)的翼赞选举等。从昭和十年到十七年(1935—1942

年），从大正到昭和初期实现的明治宪法的立宪性（议会主义）的运作惯例被逐一打破，最终明治宪法本身的存在也变得毫无意义。

将宪法第二章所规定的诸多臣民权利的裁夺几乎全权委任给行政机关的国家总动员法出台时，从正面反对、主张它是违宪的只有议会政党出身的议员。杉村章三郎发表了最接近政府的见解，指出国家总动员法的委任是对一些特定事项做出了指示，并没有超越适法限度（《国家学会杂志》第56卷第11号）。田上穰治认为这一委任是"立法权向行政权的移交"，该法"指出了行使非常大权的界限"，是合宪的。至于天皇机关说事件中在宪法学层面遭受重击的美浓部一派，此时似乎已经没有力气再从行政法层面指责国家总动员法违宪了。

黑田觉主张首先要就"对臣民的权利及自由的纯粹个人主义、自由主义的把握"进行反思，在此基础上扩大对非常大权的解释，继而强调条文（第31条）的"精神"，以此想要使总动员法变得合宪（《国防国家的理论》1941·昭和十六年）。中野登美雄更加重视这一法律，趁机发表了一系列言论。他认为该法"在世界史上世纪性转变之重压下，为我国国法的世纪性转向指明了方向"，为"我国国政的权威国家倾向"和"向全体主义的计划供给经济组织过渡"赋予了法律基础。（《战时政治和公法》1940·昭和十五年）

1940年（昭和十五）年，全部政党解散，模仿纳粹成立了大政翼赞会，构成近代宪法中心的议会主义也在这一年消亡。对大政翼赞会的合宪性进行说明的是黑田的"国防国家的理论"。大串兔代夫的《现代国家学说》（1941·昭和十六年）则说只要宪法的正统性即国体受到尊重，即使合法性欠缺也无所谓（可以无视它违反宪法条文）。

佐佐木因京大事件离职，渡边宗太郎也因机关说事件步其后尘离职，于是黑田便在1935年（昭和十年）开始讲授宪法课程。此时的他已经舍弃了凯尔森的理论，转而用与其正相反的施密特的理论来分析日本宪法。他的《日本宪法论》上中篇（1937·昭和十二年）巧妙地将施密特的《宪法学》（1928年）应用到日本宪法中，对于"它是德国纳粹的御用学者们的国法学，与日本的宪法、宪法学完全不同，用它来解释日本的宪法是不可能的，这几乎是自明之理"(田畑忍"日本宪法学界一瞥",收录在《明治政治史研究》1935·昭和十年)这样的批判完全不管不顾。这里面有耶利内克及凯尔森等自由主义宪法学批判、国家主权说批判、绝对宪法概念和相对宪法概念的区分及其在日本宪法中的应用、宪法制定权论引发的关于"国体"的新理论等当时尚可称为宪法理论的若干观点。但不可否认的是,黑田在日本所起的作用要超过德国的施密特,它为迎合天皇制的法西斯化提供了理论根据。不过,施密特的《宪法学》于战后在西德再版后继续流传,而炒冷饭的黑田理论在日本却没有这样的可能性。

可以说战前明治宪法下的有宪法学样子的宪法学到1935年(昭和十年),充其量到1940年(昭和十五年)便告终了。其后,只有称不上是宪法论,充其量可以说是国体论的研究在自生自灭,国家权力的行使变得赤裸裸毫无顾忌,认真研究法律的现象已然不在。

笕克彦的《大日本帝国宪法的根本义》(1936·昭和十一年)是以日本特有的唯神精神为依据的。佐藤清胜阐述了当时的军部、右翼的观点:"反对美浓部宪法学说的上杉慎吉氏的学说是吾辈最为敬重的,它最终之所以无法与美浓部抗衡,是因为没有立足于日本哲学,没有脱离欧美哲学的理论领域"(《美浓部达吉博士的日本宪法论批判》第292页)。甚至连德国的公法学也过于欧洲化,无法应用于日本。

太平洋战争爆发以后,随着东条政权的登场,宪法论便基本销声匿迹了。

结　　语

　　本文概括了从明治维新到第二次世界大战战败为止的80年历史中日本宪法学是如何诞生、发展和衰败的。只追溯了宪法学史的主流，几乎未关注其分支和旁支。如此撰写这类通史，便可以发现迄今为止学界的研究成果因时期不同而存在较大差异。在书写的过程中发现，明治宪法制定前后的研究比较详实，而昭和后半期则只能简单写写；美浓部研究成果丰硕，而佐佐木研究几乎不见，这些都对此书造成一定影响。如果我能凭借一己之力解决这所有的问题那自然最好，但完成这样一项工作估计需要相当长的时间。希望读者可以参考序论中所述我的"宪法学史"及我和利谷信义合著的"日本近代法史"（收录在《岩波讲座现代法》第14卷中）借以弥补这些不足。

　　战前宪法学的历史始于国体论也终于国体论。在这一过程中，宪法论得以发展，但它终究还是局限于政体论的范畴，没能深入到日本国家体制的深处。究其原因，首先，日本作为宪法学研究的对象，自始至终都没有改变绝对主义天皇制的本质，宪法典只不过是掩盖这一本质的外衣。其次，因为宪法学的方法是非科学的解释论，它披着宪法典的外衣，其实态、本质都被隐藏了。虽然战后宪法学的研究对象发生了很大改变，但问题在于方法论层面上到底发生了多大程度的改变呢？

　　我们从这样的宪法学史中能学到什么？固然，像家永三郎所做的美浓部研究一样，我们有必要学习战前的宪法学者们的长处。可如果只能从长处学有所得的话，那么战前的宪法学史可供我们从事当今宪法学研究之人学习的内容可谓少之又少。我认为，比起长处更应该学习缺点，比起成果更应该研究其失败之处，否则学习战前的宪法学史就没有任何意义了。另外在学习宪法学者的理论的同时，其实践也有很多可以借鉴之处。

　　如前所述，不管学者的主观意图如何，一定的宪法论总是先起到一定的政治作用,继而登上历史舞台,然后消失。如果有超越时代延续的理论存在,那它一定是时代之子,也一定是指向下一时代的理论。战前的宪法学史是否有过这样的宪法学?结果是令人失望的,但不可否认其中有作为社会科学的宪法学萌芽。

或许以史代论的写作篇幅过长,唯望读者可以从中发现新的萌芽,并将之与宪法学界联系起来,重新审视当今的宪法问题。

(1968年5月)

附　文献选集《宪法学说史》解说和简介

补充注释：下面所载"解说·简介"部分，是我在1977年（昭和五十二年）三省堂出版发行的《文献选集日本国宪法》全16卷中第16卷《宪法学说史》（长谷川正安编著）中所加的尾注。文中"本卷"指的是《文献选集》第16卷《宪法学说史》，而非此次新出版的本书。因表述上容易混淆，特在此先作解释。

解　　说

一、宪法学说史的萎靡不振

日本宪法学说史研究的先驱铃木安藏先生在其著作《日本宪法学的诞生与发展》（1934）中指出宪法学说史研究的萎靡不振，时至今日虽然已过近半个世纪，这种状况仍未完全改变。

铃木在该书开头部分（第1页）写道："为了使一项科学性的历史叙述成立，需要的是根本性批判的实践精神，或者观点、方法论，以及运用方法论对资料进行综合性取舍的努力等都必须达到一定程度的成熟。但是在我们学术界，无论是这种可称作科学建设之灵魂的批判性实践精神、观点、方法论，还是作为历史叙述根本条件之一的分析、综合性努力，都没有充分成长起来。"

与半个世纪前相比，包括铃木自身之后的工作在内，在宪法学界，对于宪法学说史或者说宪法史的关注度慢慢提高，尤其第二次世界大战后，无论研究者人数还是研究成果均在增加。但是将文献选集中的《宪法学说史》与其它几卷相比，就会发现"宪法学说史"这一研究领域中的研究成果极少，研究状况依然不够乐观。铃木在半个世纪前指出其原因是缺少"批判性实践精神、观点、方法论"，这些欠缺因素虽不能说在今天的宪法学界已然充分具备，但也不至于像铃木所批判的那个时代一样完全欠缺。从这一点上来说，战后法学界的理论正在发生着巨大变化。然而宪法学说史的研究状况却愈发低迷，在此，我们必须重新探讨个中原因。

对这个问题，主要从宪法学说史研究的对象和方法来展开讨论。

说起研究对象，首先就是明治维新以后，经历战败延续至今的日本宪法学说，我们必须注意到的事实是其中大部分学说都是立足于对明治宪法或者现行宪法的解释上。日本宪法学说史研究的对象绝大部分都是宪法典的解释学说，我想这大概就是学说史研究变得困难的首要原因吧。

日本的宪法解释学说，无论是以佐佐木惣一为代表的形式主义，还是以美浓部达吉为代表的目的论，在如何与宪法实态相关联上都没有遵循一定的方法。前者只是以固定的宪法典条文为对象，它的内容完全无视与时俱进的宪法实态。后者也因条文解释时设定的"目的"不同，导致与宪法实态的联系千姿百态，且不可避免地出现恣意解释的情况。总之，战前宪法学说的内容与宪法的真实情况几乎没有任何学术上、方法上的关联。事实上这对战后的宪法学也产生了深刻的影响。

抛开"实然"（sein）的宪法，去研究"应然"（sollen）的宪法解释学说，需要非常复杂的程序。我们至少要把围绕法的解释到底是何种行为这一战后"法的解释"论争作为问题点来进行详细探讨。如果是科学性的宪法学说，只需讨论它是否客观地把握了它的研究对象——宪法现象，但是如果这一解释性学说从一开始就脱离客观的宪法现象，或者说对于宪法现象持有某种想要达到的目的，那么宪法现象就无法在短时间内成为学说研究的客观基准。所以，对于解释性学说，往往会脱离现实，流于对学说自身的逻辑体系进行主观性评价。并且往往会不顾作者的本来意图，从政治角度对学说客观达到的效果进行评价。即使可以按照时间顺序对被如此评价的诸学说进行归纳，也很难把它作为内容层面具有连续性的学说史加以阐述。

第二个困难在于用什么样的方法对学说及包含学说在内的全部宪法现象进行历史性研究。将解释性的宪法学说从逻辑角度进行分析，或是将宪法规范加以逻辑性处理，这些对于宪法研究者来说都不困难。但要从历史角度来把握，这其中的困难不仅在于宪法学说这一研究对象的特性本身，还在于研究的方法。所以说，宪法史研究的萎靡不振，其中一部分原因是宪法学说史研究的举步不前。

如果分析宪法的方法是采用把"实然"割裂出去，只作为"应然"加以分析的二元论的、规范主义的方法，恐怕无法把握宪法的历史性。为了能够历史性地分析宪法，有必要将其置于一个国家的整个历史过程当中，以作为自然历史发展进程、能够进行客观分析的经济史为基础，作为由它所规定的上层建筑来加以分析。战前几乎没有关于宪法史的研究，自然便没有宪法学说史。直到战后，宪法的历史性研究逐渐兴盛，宪法学说史研究才开始慢慢形成。虽然历史性分析宪法现象的宪法史研究逐渐增加，但是宪法学说史研究依然进展缓慢。究其原因，如前所述是因为在宪法现象中宪法学说的性质是极其特殊的，对此，人们没有充分意识到这一点。

战后兴盛起来的宪法史，不仅研究宪法典及其解释的变迁，还研究议会、内阁、法院等统治机构制度的历史，以及在现实社会关系中逐渐扎根的国民的自由与平等，即作为具体宪法关系的基本人权的历史。如果研究宪法的思想、规范、制度的历史，把它当作与政治、社会关系相重合的宪法关系来把握的话，宪法现象的历史就会作为上层建筑的历史，牢牢地立于经济基础之上。我曾指出过宪法学说史研究的困难之处是构成其前提的宪法史研究并不充分，这一点毋庸置疑。除此之外，如何决定每一个宪法学说在整体宪法现象中的定位，与这一操作的困难之处也不无关系。

宪法研究者提出的宪法学说，从广义上来讲是宪法意识的一种形态。但是，与国民的宪法感情等不同的是，它是将宪法现象的全部或者一部分作为研究对象，自觉进行理论化的宪法意识。解释性宪法学说用"解释"的方法将既有的宪法规范理论化、体系化，而科学性宪法学说不仅限于宪法规范，而是将所有的宪法现象进行客观的分析。前者不断完善对于"解释"这一行为性质的认识,后者则致力于将研究对象从宪法现象的一部分逐渐扩大到其它部分。在互相分离、各自前行的日本学术界,如何统一这两种过程是今后的课题。想要将这一过程加以历史性分析,必须明确推动它的起因,为此必须参照社会科学各个领域的研究成果,因为宪法学说本身并不具备所有的起因。

二、本卷的结构和内容

如将本卷的文献目录与其它几卷相比,学界对于宪法学说史研究的关注度有多低便一目了然。研究人员是固定的那几个人,研究成果也相应地屈指可数。根据这些为数不多的成果写出可作为今后宪法学说史研究参考的书,组织本书的结构内容并不是件容易的事。

我首先把本书分成三个部分:第一部分是明治至今的宪法学说通史;第二部分是宪法学说史的理论;第三部分是个别宪法学说的研究。宪法学说的历史、理论,以及作为其资料基础的个别研究,虽然这只是很普通的三个构成部分,然而战后 30 年的宪法学说史研究并没有按照这种方式开展,加上本书的页数有着严格的限制,不能原样照搬著书、大论文、座谈会的内容,由此,作为编者的我也不得不承认本书的内容构成确实不够充分。尤其是至今为止的研究方法杂乱无章,很难去区分哪些方法该采用,哪些方法不该采用。另外,本书完全没有谈及外国的宪法学说研究,没有正确反映学界的实际情况,这一点必然会受到抨击。关于本书欠缺之处将在下文中述及,此处先说一下构成本书的三个章节。

第一章,关于日本宪法学说通史。要说这一领域汇编得最完善的,要数长谷川的"宪法学史"上中下(《日本近代法发展史》6、7、9卷,1959年)。该论文从明治维新前后外国宪法思想的输入开始,论述了以穗积八束为代表的日本宪法学的成立和以美浓部达吉为标志的宪法学的发展,以及在政治压力下所经受的挫折等,分析了跨越明治、大正、昭和三个时期明治宪法下宪法学说史的主流。本书所收录的长谷川论文是其文摘版。这些论文只分析了日本宪法学说史中的主流,果断省略了与它并行的分流或支流上的宪法学说。因此,今后的研究需要对被省略的部分进行补充。与大隈重信同为早稻田大学创始人、著有巨作《国宪泛论》(1883—1886)的小野梓,他的宪法学说要先于明治宪法制定后伊藤博文的《宪法义解》以及穗积八束的宪法学说,而且他的学说作为不同性质的宪法学说值得关注。学术界有些关于小野的优秀研究成果,例如战时田畑忍所著"小野梓的宪法立法论"(收录于《明治文化全集》第 28 卷)、战后高野善一所著"边沁与小野梓"(《早大史纪要》第 1 卷第 2 号,1966 年)等,但是把它划分到日本宪法学说史的哪个部分、如何评价、如何定位是非常困难的一件事,因为小野梓的宪法学说内容完全不同于宪法制定后的其他学说。它尚称不上是明治宪法的解释学,它是在以边沁为中心的外国宪法学说的基础上形成的具有日本独特内容的学说。

　　铃木安藏所著《日本宪法学史研究》(1975),是铃木身为宪法学史领域先驱,对自己的研究进行"总清算"整理而成的作品。它阐述了明治宪法制定后不久合川正道、市岛谦吉的宪法思想,以及日本宪法学形成时期一木喜德郎、有贺长雄、井上密等人的主要著作,还有市村光惠、森口繁治的宪法学说。铃木也认为学说史的主流在于穗积、美浓部、佐佐木等东大、京大的官学学院派。诚然视野放得越宽,资料价值就越高,但是对这些非主流学说的历史定位相当困难,铃木很好地给我们指出了日本宪法史研究的这一问题。

　　该著作所举宪法学者的作品中,有"国法学"(一本、有贺)方面的,有"宪法学"(井上、副岛、上杉等)方面的,唯独美浓部是二者兼有,既有《日本国法学》又有《宪法讲话》,作者本人是否是有意识地这样分类列举的不得而知。国法学是比较宪法学,它局限于国家的法律层面,倾向于客观地分析既有的国法,考察潜在其中的一般法则。与此相反,宪法学倾向于探究日本固有的明治宪法该有的面貌,作为对宪法典的解释而展开研究。即使是同一个人兼做国法学和宪法学研究,其所使用的方法也会是不一样的。如果忽视这个问题去看日本的宪法学说史,就无法正确地评价每一种学说,战后学说在方法论上前进的意义也就不复存在了。在这一点上,我认为从思想史角度研究战前的宪法学、并著有《日本近代宪法思想史研究》(1967)的家永三郎,在"法的解释"上的观点比铃木更具备法律学家特质，更为正确。

上述研究全部在战前明治宪法时代结束。战后已逾30年，但由于学术界状况复杂而又多彩，尚没有任何称得上通史的成果发表。已发表的关于战后的成果中，有如池田政章的"宪法—战后"（《法学家》400号·学说百年史）一样，阐释战后宪法学说史研究方法的；有杉原泰雄等人举行的"宪法学的方法"研讨会（《法律时报》第40卷第11号），以及铃木安藏等人基于针生诚吉的报告举行的"关于日本的宪法学"座谈会（《日本的宪法学》1968年）。这些都只揭示了宪法学说史素材类的研究成果，没有归纳成通史。作为战后通史的研究成果，本书也只是将上述两个重要座谈会的报告内容进行了归纳。我认为这两次座谈会上进行的讨论比收录的报告更有价值，但遗憾的是由于篇幅的关系，本书未能收录讨论的内容。如果看了这份报告觉得感兴趣的话，建议各位一定要查对原典直接阅读讨论内容。因为今后如果想对战后的通史进行整理总结，必须要考虑这两次座谈会中谈及的多个问题点。

1977年秋季的公法学会上，我做了题为"战后宪法学史的发展"的报告，此报告聚焦于战前向战后的过渡期，没能谈及原本意义上的战后宪法学。然而，学术界普遍对战后宪法学的兴趣越来越高。

第二章是关于宪法学说史的理论。可以说这个领域在不强盛的学说史研究中是最为凋敝的。这一现象反映了个别宪法学说的实证研究尚不丰富，同时也归结于宪法学方法论尚不充分。如要对宪法学说进行历史性的、理论性的分析，需要对各个宪法学说进行实证研究，需要有将宪法学说史定位为宪法学一个门类的方法论。

在这一点上，铃木作为宪法学说史的先驱者、开拓者，其战前的著作颇引人注目。战后他将其方法论整理成论文"日本宪法的挫折与再出发"，本书收录了该论文。在该论文中铃木指出，战前的宪法学于1935年（天皇机关说事件）经历挫折后，从克雷连科的《关于法和国家的谈话》（1924）以及斯塔列维奇的《苏维埃法思想的发展过程》（1928）中得到启发，从而萌发了科学性宪法学的方法意识。自那以后日本宪法学界便没有再去主动学习，如今应该有更值得学习的东西。铃木从苏联法学中学到的是基于历史唯物论的国家与法的根本性质的分析，以及与法学诸范畴相关的内容。

铃木在上述论文中列举了三个基准作为衡量宪法学发展的标识。第一个基准是宪法学是否明确了"该国的宪法秩序、宪法秩序所展示出来的国家权力的特质、国政的本质，明确影响这几个要素的社会阶级构造，以及它们今后的历史发展方向，根据宪法现象来判断阻碍它们向更高层次的社会历史发展的各个要因是什么"。第二个基准是"是否更正确地确定了宪法学的各个范畴"。第三个基准是"是否在宪法条规以及其宪法规范的解释中更细致地确定了各种方法"。铃木所指出的第一、第二个基准，我们可以明显看出是从苏联法学以及马克思、恩格斯、列宁的古典中学来的马克思主义法学的内容。第三个基准是必须跳出日本既有的宪法解释学才能获得的内容。对于战前没有尝试过解释明治宪法的铃木来说，第三个基准完全是对既有宪法学意识形态的批判。但是在宪法解释学上，如果没有对解释本身固有的问题进行探讨，充分的意识形态批判能做到何种程度是个问题。这一点在上一项中已经谈及。

作为战前学院派的支配性宪法学说，有穗积八束・上杉慎吉的"国体宪法学"和美浓部达吉・佐佐木惣一的"立宪主义宪法学"两个分支。当然两种学说都以解释学为中心，美浓部的一定的自由主义、民主主义倾向被宫泽俊义继承并发展，从而使他成为战前非马克思主义性质的、科学性宪法学的先驱。同为美浓部的门生、与宫泽同年代的清宫四郎对"美浓部宪法与宫泽宪法"进行了阐述。作为昭和初期的凯尔森主义者的一员，清宫代表着新宪法学的动向，他对"立宪主义学派"的主要趋势从内部进行了通俗易懂的描绘。

小林孝辅在"宪法学中逻辑主义法实证主义的现代意义"一文中批判了"立宪主义学派"另一分支的佐佐木宪法学。该论文反映出小林与佐佐木学派的田畑忍之间的论争。它正面论述了日本传统宪法学说中的"解释"，有着重要的意义。

第三章是关于个别性宪法学说。这个领域可谓是研究的基础构筑，在战后宪法学说史研究中是最领先的。但是,我不得不再次重申此书只限于收录日本宪法学说史的主流学说。对于此处没有列举的宪法学说,个别性研究也在以多种形式进行着。

一般说来,个别性研究的特点在于其研究方法的多样性。从这一点上来说,大家最感兴趣的莫过于对美浓部达吉的研究,如家永三郎从思想史角度进行的研究,中濑寿一从历史性角度进行的研究,和田英夫从行政法观点出发的研究,小林直树从宪法观点出发的研究等等。本书收录的奥平康弘的"美浓部达吉",部分介绍了关于美浓部研究的总体成果。但不可思议的是,即使是发展最好的关于美浓部的研究,对于在其研究中无论是量还是质都占很大比重的宪法及行政法的解释论,却没有人进行详细探讨。这是因为战后的宪法解释学者丝毫不关心历史,不仅是对美浓部,对其他宪法解释学者的解释也并不关注,这种意识形态批判是不充分的。在这一点上,家永的研究持有较高的问题意识,但不得不说他将大量的研究课题留给了今后的宪法学者。

233

研究方法的多样性,无论在法律哲学家长尾龙一对穗积、上杉所做的传记性研究中,还是在矶崎、影山、隅野、芦部、上田对其各自老师的学说所做的介绍中都体现得淋漓尽致。本书所收录的上述成果的共同特点是,作为研究对象,各学说都是由对其内涵最了解的研究者所著。但是由于执笔人所传承的学说内容不同,相应的评价基准也不一样。尽管如此,这些研究并没有止于对各自老师学说的礼赞,而是给我们充分展示出诸学说内在性研究的意义。此外需要说明的一点是,虽然这里没有收录,在长尾的客观性、传记式研究和弟子们的主观性、内在性研究中间,还有像铃木在他的著作中所归纳的那样,有对宪法学者的某部著作进行的研究,这些研究涉及的领域非常广泛。

关于这一点我想预先说明的是,作为学说史研究的前提对个别著作加以探讨时,对著作本身所拥有的客观的历史性意义,有必要与作者剖离开来进行探讨。无论哪位作者的著作,都有好与不好之分,有独创性的,也有启蒙性的、通俗的。如果是传记性的研究,需要把所有的资料当作素材描绘出人物形象。如果是学说史研究，就必须明确某位宪法学者，他的哪部著作的哪个部分对日本宪法学的发展在何种意义上做出了贡献。有可能某部著作对某些学者的成长来说很重要，但其本身在学说史方面并没有价值，当然也有相反的情况。所以说，学说史研究不可或缺的是研究者如何把握宪法学说的要点，如何评论宪法现象，最后如何参照该评价去看待自己的学说。

像评论家的文艺评论那样，如果说由没有创作文学作品的心情和能力而拥有其他才能的人对文学作品进行评论成立的话，那么宪法学史不是由宪法学者，而是由历史学家或经济学者等人从第三者的角度来写也就不足为奇了。但如果是出自宪法学者之手的宪法学说史，就会像作家写文艺评论一样，不可避免地带有主观性。要把这个主观的出发点变得客观，研究宪法学说史的人自身的宪法学说就要有科学价值。我认为学说史研究真正的困难便在于此。宪法学界学说史研究之所以萎靡不振，大概其根本原因是研究者很难客观地看待自身的宪法学说。

三、关于外国的宪法学说

我在整理总结战前宪法学说史时，深刻地感受到各学说中所反映出来的德国宪法学说的存在。十九世纪至二十世纪的德国公法学的研究是日本宪法学的源头，如果没有这项研究，我认为日本宪法学史的整理也无法进行。

明治宪法本身就受到德意志帝国以及普鲁士等国宪法的极大影响，自然日本的宪法学也受到了德国公法学的强烈影响。但是，明治宪法并不是原样照搬德意志特定的宪法，正如伊藤博文在《宪法义解》中详细说明的那样，它是对其进行了日本化的再构成，因此宪法学所面临的问题就是如何也将德国的理论进行日本化的再构成。所有优秀的日本宪法学说都是具有日本特色的，问题是其如何对德国的学说进行选择取舍。因为弄清楚构筑日本宪法学说的德国素材，能更好地理解日本学说的内容。然而在以解释为中心的宪法学界，外国学说虽说是其理论基础，但几乎没有人去研究这些外国学说。也可能是因为有些人将外国学说的一部分直接套用到了自己的学说中,所以无法把外国学说作为对象来研究。例如美浓部达吉与格奥尔格·耶利内克、黑田觉与卡尔·施米特等,从他们之间的关系来看,因为在某些地方他们想法完全一致,所以才没能作为客观的研究对象吧。反过来看昭和初期流行的凯尔森主义,日本的所谓凯尔森主义者没能将它完全活用到日本宪法学中去,不知是否是出于这个原因,使得对于凯尔森的研究盛极一时。无论是将外国学说的内容照搬到自己的宪法论中,还是将外国学说作为批判的对象,宪法学者的关注点几乎百分之百都在德国公法学上。日本宪法学者的留学目的地也几乎锁定德国。

战后这种情形发生了彻底的变化。新日本国宪法受到十七、十八世纪西欧古典民主主义思想的强烈影响,以英国、美国或法国的资产阶级革命时期的宪法思想为模型,德国式的思想直接失去了作用。宪法学不再局限于对宪法典的解释,开始研究日本宪法的实态;不再拘泥于特定的外国学说,而是不论国籍,探索具有价值的特定的科学性学说。所以宪法学者们自然会对外国的学说给予更多的关注,这导致战后外国宪法学说研究看上去处于混乱状态。在被占领下的学术上的"锁国"状态解除后,因为从属于美国,故这一政治状况也反映在去美国留学的法学学者数量增多,于是对美国学说的研究在外国法研究中占据了绝对性比重。因为在被占领的情况下制定的宪法以及新法令事实上受到了美国法的影响,所以日本宪法学者的注意力也转向了美国。但是,随着宪法学者越来越年轻,人数也逐渐增加,于是又恢复了战前的传统,对德国宪法学的关注再度复活,而且作为战后全新的倾向,对法国宪法的关注度也在增高。这是因为大家认识到要研究现代日本宪法,就需要研究先进资本主义国家的宪法。要说现如今仍欠缺的研究,那便是对社会主义各国的宪法研究,以及虽意识到研究的必要性但仍几乎处于完全空白的意大利宪法的研究。

纵观这些对外国宪法,尤其是对外国宪法学说的研究,我强烈感觉到这些研究没有一定的学术倾向,或者说没有汇总的中心思想。虽说每篇论文都有精华部分,但对于日本宪法学说史研究来说不可缺少的、称得上外国宪法学说研究的成果少之又少,所以本书只好把所有外国学说研究都排除在外。整体的评价姑且不说，实际上学界对外国的宪法学说研究投入的精力远远多于对日本的研究，所以我把外国学说研究统统排除在外肯定是有问题的，这一点我自己也明白。如果篇幅允许，也许应该做哪怕部分介绍也好。

虽说战后的外国宪法学说研究整体处于混乱的状态，但不能否认它也存在一些特色。第一点，对战前几乎无人关注的、英国光荣革命政治思想家约翰·洛克的研究开始盛行。从日本国宪法是古典民主主义思想影响下的产物这个角度来看，这也是理所当然的。第二点，作为新的研究倾向，越来越多的人开始对卡尔·施米特进行研究，并且开始关注凯尔森的学说。之所以又开始重新探讨魏玛——德意志时代的公法学，一方面是为了弥补战前日本德国公法学研究的不足，另一方面是认识到当时的日本与三十年代的德国在政治、思想状况上相似的缘故吧。又或者是对非马克思主义的科学性宪法学的摸索？还是认为德国是万能的战前宪法学的残留影响？第三，伴随着比较宪法，特别是法国的宪法研究的发展，法国的宪法学说研究较为突出。虽说并非都是以学说研究的形式呈现的，但可以说在战后对不同国家的宪法学说研究中最为引人瞩目的当属法国宪法研究。第四，在社会主义国家的"国家与法的理论"研究中，有着对日本的科学性宪法学来说具有重要意义的学说研究。比如说，藤田勇的《苏维埃法理论史研究 1917—1938》(1968)，虽然没有列在本书卷末文献列表里，但是它可以说是日本学说史研究中必不可少的代表性著作。对马克思主义宪法学来说，除了苏联之外，德意志民主共和国的研究虽然很少，但也不可遗漏。

最后一个特点是，虽然对日本宪法的成立及运用都有着决定性意义的美国宪法案例研究盛极一时，却完全没有系统的美国宪法学说研究。这是因为美国的宪法学说没有理论性内容？还是因为日本的美国宪法研究者只关心实际不关心理论？不管是何种原因，不得不说在宪法研究领域，日美关系也是处于极度不平衡的状态。

从樋口阳一的《比较宪法》(1977)可以看出，日本的比较宪法研究似乎已经步入正轨开始发展起来，但是比较宪法学说的历史性研究在方法上仍处于未开垦的状态,可以说仍处于暗中摸索的时期。战前日本与德国的宪法学、公法学虽没有明确的意识但实际上是相互关联的,而现如今与那个时代不同,日本的宪法学如果没有明确的方法意识,是不会与外国的宪法学说有任何关联的。仅从宪法学便可以看出日本独立性逐渐增强的现状。外国的宪法学说对日本学界来说只是作为未知的内容值得介绍一下,可见日本的宪法学水平已然不低。正因如此,我们才痛感需要有意识地去研究外国宪法学说。虽然众多宪法学者的研究成果中部分包含此类研究,但是独立的系统性研究还只是个别现象。这一研究领域一定会随着日本宪法学说史研究的发展逐渐扩大。

简　　介

第一章　通史

战后已过三十年,但至今仍然没有称得上战后宪法学说史的著作、论文。我们宪法学者现在身处战后史的长河之中继续着研究,所以编写包括自己在内的宪法学说现代史实属不易。我想战前的宪法学者没有整理战前的宪法学说史,大概也是出于同样的原因吧。战前铃木安藏在这个领域能够发挥先驱的作用,估计也是因为铃木原本并不是宪法学者的缘故。如此一想我们便能够明白,在战后成长为宪法学者的人,经其手,才终于将战前的宪法学史加以汇总是有道理的。当明治宪法成为过去,在该宪法背景下诞生并发展起来的宪法学也已成为过去,此时战前宪法学说的通史才终于得以成形。

长谷川正安的"宪法学史"(《日本近代法发展史》丛书第6、7、9卷)是战后最先在该研究领域做出的尝试,本书所收录的长谷川正安"学说百年史·宪法(战前)"(《法学家》400号)是其摘要版。"宪法学史"发表于1959年,当时战前已经占据支配地位、战后又早早出版了关于日本国宪法的系统解释书的美浓部·佐佐木二人的学说正在逐渐变成过去式。取代他们的是宫泽俊义和田畑忍等人的学说，但是长谷川并不满足于他们的学说，为了探索新宪法学说的模式，开始讨论日本过去的宪法学说成果。他发行《日本近代法发展史》丛书，意图总括战前的法史，以期对日本法学做出新的展望。该丛书立足于战后在法学界展开的"法社会学"论争以及"法的解释"论争，把抽象的方法论争置于具体的历史过程中重新思考。不用说，长谷川的论文很大程度上受到战前铃木的先驱性研究的影响。"宪法学史"只考察了东京大学、京都大学这些学院派内部的主要学说，没有涉及私立大学或是民间的宪法学说。所考察的主要学说也并没有对其基础——外国学说（例如德国公法学的各学说）进行深度的探讨，所以无论是对象还是方法都存在局限性。

关于战后的宪法学，就像我一直重申的一样，还没有作为通史整理而成的成果。战前已成为过去，而与之不同，若要将战后整理为通史需要好好动一番脑筋。池田政章"学说史百年·宪法（战后）"是我所收录论文的续篇战后篇。文中虽然有"宪法问题学"这一想法，即将多样化的战后宪法学按分析的问题不同重新进行分类整理，但却没有具体实施。与它不同的是，收录于本书中的两个研究座谈会，因对战后宪法学采用新的方式进行研究而引人注目。关于这两个座谈会，都只收录了开头的报告部分，关键的讨论部分由于篇幅所限未能收录，因此在这里有必要介绍一下它的梗概。

杉原泰雄、奥平康弘、樋口阳一、影山日出弥、阿部照哉的"宪法学方法研讨会"与《法学家》的"学说百年史"均发生在 1968 年，这揭示了战后二十多年，长谷川、渡边洋三等战后第一代学说已经成为第二代宪法学者更为客观的研究对象。该研讨会就像标题所示，从"宪法学的方法"这一视角出发并贯穿始终，其特点是将战前、战后的宪法学说统一从同一角度进行分析。战后第二代宪法学者对于战前、战后宪法学说的分析虽然仅限于从某个角度的考察，但它作为连贯的历史性的研究有着重要的意义。另外此研讨会引人关注的是，它不是像铃木、长谷川那样站在历史唯物论的立场讨论宪法学说史，而是站在包含这一立场（影山）在内的致力于研究"作为社会科学的宪法学"的多样化立场，进行多角度探讨。这一点显示出宪法学说史研究的主体实现了量和质的转变。

针生诚吉等人的"日本宪法学研讨会"同样是 1968 年举办的,所以此文收录的论文、研讨会均是发生在同一年,这绝非偶然,这证明当时宪法学说史研究所需的主体条件、客体条件终于具备。

围绕针生的报告所进行的讨论涉及多方面且具有历史意义,逐项列举来看,包括宪法学的落后、无争论的历史性探讨的必要性、历史性研究的必要性、重新探讨穗积宪法学的意义、战前和战后的天皇制度、宪法学史的视角、宪法作用的影响范围、天皇制的科学性研究、马克思主义与宪法学、法西斯主义宪法学、民主主义宪法学的成果与缺点、国体宪法学与人权、权力批判的欠缺[①]、俄罗斯革命与宪法研究、马克思主义宪法学的成立、国体论争、占领与宪法、美浓部宪法学与官僚主义、公法学会的问题点、占领体制与宪法学、民科法律部会与法学论争、支配性宪法学的本质缺陷、宪法学与宪法运动、战后的转向、科学性宪法学与解释论、所谓"连锁论"的评价、福祉国家论与解释论的弱点、福祉国家论与"科学性宪法学"、宪法学的课题等。如果进一步归纳,可分为对报告的感想、战前宪法学及其反省、战后宪法学的二十年三个方面。

该座谈会的特点如下。首先,出席者以铃木安藏为中心。铃木安藏在战前先行开展宪法学说史研究,并贯彻至战后继续从事该领域的研究。其次,许是受报告内容的限制,座谈会内容拥有马克思主义性质、对历史基础过程及政治史的关注等这些共通点。将该座谈会与杉原等人的座谈会进行比较来看,杉原等人的座谈会自始至终贯彻的是对公法学界内在的批判态度,而该座谈会更倾向于对学界进行外在批判。外在批判常常容易过激,但是宪法学作为批判者进行批判的基础,这种外在批判不一定会引起学界对宪法学的反批判。该座谈会以此为前提,出席者可自由地进行自我批判,这也是它的特色之一。纵观这两场座谈会的内容,就能清楚知道日本宪法学说史相关问题情况的梗概,以此为立足点,今后便可对战前和战后的日本宪

---

① 原文为"欠除",疑为"欠如"之讹误,二者日语读音相同。——译者注

法学说史进行整理汇总。

以上对本书所收录的与通史相关的三篇论文的意义进行了说明,此外尚有一些对整理通史可以起到帮助的文献。

首先,思想史专家家永三郎的多部著作,如《美浓部达吉的思想史研究》(1964)、《日本近代宪法思想史研究》(1967)等。《历史长河中的宪法》(上、下,1977)作为宪法学说史的前提,也有助于理解战前战后的宪法问题。

其次,包含宪法学在内的《日本的法学》(1950)、《战后的法学》(1968)这两部作品也对理解宪法学历史在战前战后日本法学的历史中处于什么样的地位能够起到重要参考作用。另外有间接参考价值的还有长谷川正安的《昭和宪法史》,虽然这部著作主要考察的是昭和时期,但是它探讨了作为宪法学说史背景的宪法史,故而对通史的整理应该也具有参考价值。

铃木安藏编著的《日本的宪法学》(1968)是为了纪念宪法颁行二十周年,旨在对日本的宪法学问题进行整体探讨,所以除了本书收录的论文之外,其它论文也同样具有参考价值。此外,《马克思主义宪法学讲座》的第1卷(1967)中收录的宪法相关的论文(影山·长谷川),以及论述日本科学性法学历史的多篇论文也值得参考。

第二章 理论

如上所述,在日本宪法学界中不仅没有关于宪法学说通史的作品,就连其方法论相关的著作也极其稀少。事实上两者之间存在着内在的联系。

收录在本书中的铃木安藏的"日本宪法学的挫折与再出发"是前述《日本的宪法学》的卷首论文,记述了铃木的宪法学说史研究的方法论,于战后重新明确了铃木所理解的马克思主义宪法学中宪法学说史的定位。要想知道研究日本宪法学说史研究先驱的宪法学方法论,我认为看这篇论文是最合适不过的。

铃木的著作还有《日本宪法学的诞生与发展》战后版(1966),其第三章日本宪法学的课题与方法写于战后,它涉及到了宪法学史的方法。并且在《宪法学的构造》(1968),尤其是第一章第六部分"学说史探讨"中,提出了更详细更具体的问题。然而"日本宪法学的挫折与再出发"在揭示铃木宪法学的理论原型方面更胜一筹,更有利于读者理解。

美浓部门生、与宫泽同年代的清宫四郎所写的"美浓部宪法与宫泽宪法"(1977),是传统宪法学的证言。该作品与本选集第一卷《宪法的基本原理》中收录的鹈饲信成"传统宪法学的意义与极限"(1968)一起,从内部着眼描绘了日本宪法学主流美浓部—宫泽学说,因此极具价值。

本卷中位列第三的论文是小林孝辅的"宪法学中逻辑主义法实证主义的现代意义"(1961)。所谓"东有美浓部,西有佐佐木",这是对佐佐木宪法学进行的真正意义上的批判,是以小林的"佐佐木惣一论"(1960)为导火索,围绕佐佐木宪法学在小林与田畑忍之间进行的激烈论争的产物。正如本卷解说部分所述,日本迄今为止的宪法学说史研究存在着对科学性宪法学说与解释学说没有明确区分的缺点,该论文通过批判佐佐木,从功与过两个方面对逻辑主义法实证主义的现代意义进行了探讨,对学说史研究有着重要的理论意义。

这里再谈一下未收进本卷的几篇论文。针生诚吉的"宪法学史的方法"(1959),从题目来看与本卷的"理论"最贴合,而从副标题"试论国家法人说与天皇机关说"便可以看出,它的重点不在第一章方法论绪论,而在第二章针对国家法人说与天皇机关说提出的问题上。或许这篇论文是作者的处女作的原因,表述略显生硬,整体上对宪法学说史的模式有何看法让人不是很明白。该论文中方法论性质的绪论,原本应该是上一章"通史"中收录的针生报告的理论基础,但我认为报告本身的内容已然明确将其体现了出来。针生宪法学史的研究方法追求的是将凯尔森的二元论和铃木的历史唯物论用一根线串起来,但直到最后也没能理清。本卷未收录该论文也是缘于这个原因。

影山日出弥"科学性宪法学的诞生与终焉"(1968),与本卷中的铃木论文同样刊登在《日本的宪法学》上,可以说是对铃木论文进行理论性补充的论文。在战前日本宪法学的各个潮流中,该论文主要着眼于马克思主义宪法学以及立宪主义宪法学这两股分流,详细陈述了前者即科学性宪法学的诞生与成立的各项条件。它的中心论点是铃木宪法学,对其学术性前提和相关情况进行了广泛的探讨。

最后,我想介绍一下小林的批判对象京都学派中出现的涉及到战后宪法学的论文。即上田胜美"佐佐木博士的宪法学方法论与战后的宪法学方法论",他站在对佐佐木宪法学批判性继承的立场上,纵观了战前和战后宪法学说的历史。

综上所述,不得不说距今为止都没有针对宪法学说史的"理论",对战前战后所有的宪法学说进行整体把握、探讨而形成的作品。因此我们就必须从上述若干有关注度的论文中汲取理论成果。其结果就是在该领域需要注意下面几个事项。这几个注意事项在下一章论述个别学术研究时也同样需要注意。

注意事项的第一点是,宫泽俊义在战前明确的关于解释性宪法学说和科学性宪法学说的区别已为大众广泛接受,如果不顾这个区别就没办法书写宪法学说史。忽视或是轻视这个区别,即使是写于战后的作品,它的水平也只是停留在"战前"。本卷收录的三篇论文,分为重视科学性宪法学(铃木)、与宫泽一样进行二元论思考(清宫)、重视解释性宪法学(小林)这三类,但他们都意识到了共通的问题,这一点具有战后的现代化特征。

第二点,科学性宪法学不仅限于马克思主义,还有新康德派、历史科学型、政治学、社会学等作品,科学方法论逐渐变得丰富多彩。方法论的研究者们未进行过交锋,因此这些作品以理论形式发表的很少,然而在对学说的个别性研究中已经能明显看到多样性的萌芽。

第三点,随着战后宪法学的研究对象逐渐地从宪法典籍扩大到整体宪法现象,宪法的概念也相应地渐渐扩大,要注意的是有时候有些概念的内容会暧昧不明。换言之,宪法概念的扩大与分散使得宪法学的界限逐渐模糊,存在对宪法学说多样化起积极作用的优点,同时也有导致学说史的整理汇总愈加困难的缺点。宪法学的固有对象不明确,导致无论理论层面还是现实层面都很难对学说史进行定位。因此关于宪法学说史,如今需要符合宪法学现状的新的理论出现。

第三章　学说

此处必须首先列举的是多年来一直被称为学说史研究"决算"的铃木安藏的《日本宪法学史研究》(1975)。该书以"立正法学"以及将发表在立正大学教养部"纪要"上的各项学术研究进行整合后的内容为主。该书内容较容易理解，所以就没有选取收录入本卷。下面将其内容按章节目录列出来以作参考。

第一编　日本宪法学的模型——德意志国法学

Ⅰ　德意志国法学的形成（一、伯伦知理的体系化；二、格贝尔的国法概念；三、拉班德的方法）

Ⅱ　德意志国法学的方法（一、耶利内克的观点；……）

第二编　大日本帝国宪法发布后不久

Ⅰ　伊藤博文《宪法义解》的学说史特性

Ⅱ　合川正道及市岛谦吉的《宪法思想》

第三编　日本宪法学的形成

Ⅰ　一木喜德郎《国法学讲义》

Ⅱ　有贺长雄《国法学》上、下

Ⅲ　井上密《大日本帝国宪法讲义》

第四编　日本宪法学的发展

Ⅰ　美浓部《宪法学的发展》

Ⅱ　副岛义一《日本帝国宪法论》

Ⅲ　上杉慎吉《帝国宪法》

Ⅳ　穗积八束《宪法提要》的基本理论

Ⅴ　清水澄博士的《宪法学说》

Ⅵ　佐佐木《宪法学的特质》

第五编　代表性的国家法人说及立宪政治论

Ⅰ　市村光惠博士的《宪法学说》

Ⅱ　森口繁治《宪政的原理及其运用》

Ⅲ　森口繁治《宪法学原理》

　Ⅳ　以下略

　　在个别宪法学说的研究中，量在不断增加，质也在飞跃发展的，当数关于美浓部达吉的研究。如果进行战前宪法学研究，就不可能绕过美浓部宪法学，如果要研究战前的历史，需要把美浓部宪法学看作是"大正民主主义"思想表现形式之一加以描述，这在如今基本上算是一种常识。对美浓部达吉研究总括得最全面的就是家永三郎的《美浓部达吉的思想史研究》。法学者研究美浓部存在几个困难：其一，美浓部的成就在时间上跨越明治宪法整个时代，要明确时代背景较为困难；其二，他的成就涉及宪法和行政法两大领域，由一个人进行统一整理不是件容易的事；其三，美浓部的法学方法论较为暧昧，很难将他与德意志国法学，尤其是受德意志国法学影响的耶利内克进行理论性对比。因此迄今为止的美浓部研究大部分都只是选取特定的时代，以学说的一个部分作为对象。本卷收录的奥平康弘的"美浓部达吉"，虽然所占篇幅很少，但他克服了三重困难，可以说是对美浓部总括最为全面的作品。奥平是有资格受此评价的为数不多的法学研究者之一。

　　其次引人关注的是佐佐木惣一的研究。田畑忍的《佐佐木博士的宪法学》(1964)，是作为佐佐木宪法学亲传弟子所进行的解说，当然也是站在全面肯定佐佐木的宪法解释方法立场上所写的作品。与之相比，田畑忍编著的《佐佐木宪法学的研究》(1975)，其中也包含了对佐佐木宪法学的批判，使得该宪法的整体情况一目了然，因此很有价值，甚至说仅凭此书基本上就能了解佐佐木宪法学也不为过。该书也收录了本卷中矶崎辰五郎的"佐佐木惣一先生其人与学问"，这是最适合作为佐佐木法学入门的作品。因为与其他人总是针对佐佐木宪法解释进行批判相比，矶崎旨在挖掘出逻辑背后的佐佐木究竟是什么样的人。

　　关于穗积·上杉两宪法学，本卷收录了法哲学家长尾龙一的"穗积八束"(1975)和"上杉宪法学杂记"(1972)。关于穗积，与上杉的研究成对的论文"穗积宪法学杂记"(1969)中有详细的记叙，但由于篇幅问题没能收录。特地采用非宪法学者长尾的作品，是因为他用传记的风格进行归纳，构成学说研究的一种类型。长尾纵观其一生描绘了一名学者的"人与学问"，这是非常了不起的一件事。关于法学者的研究，希望能有更多像长尾这样的尝试。

美浓部·佐佐木之后的宫泽·田畑的宪法学，因为尚没有成为过去，故而只能期待今后能有充分的研究。不过，宫泽于1977年逝世后，为了追悼他汇编而成的《宫泽宪法学全貌》(《法学家》第634号)是关于宫泽宪法学的较高水准的研究书籍。近期内或许不会出现能超越它的书吧。小林直树、芦部信喜的两篇论文构成了《宫泽宪法学全貌》的脊柱，本卷选录了芦部信喜的"宫泽宪法学的特质"。两者的宫泽宪法学研究各具特色，不分上下。

上田胜美的"田畑宪法学的特质"(1963)，基本上是关于田畑宪法学的唯一的研究论文。

隅野隆德的"日本的社会主义宪法研究"，如副标题"以山之内一郎氏战前苏维埃法研究为中心"所示，介绍了战前唯一的社会主义宪法研究者山之内的成就。正因为比起资本主义宪法研究，社会主义宪法研究时至今日仍称不上繁盛，所以此论文明确了社会主义宪法研究的出发点，在这一点上具有学术性意义。把它和《马克思主义法学讲座》第一卷第三章第五节的"苏维埃法研究"(稻子恒夫)一起阅读的话，就更能明白当时特殊的学术情况。

该丛书第一卷第三章第三节"宪法学与马克思主义"，是影山日出弥所写关于战前铃木宪法学的成立与发展的论文。影山在爱知大学跟随铃木学习宪法学，后在名古屋大学教养部教授宪法，是继承长谷川的战后第二代马克思主义宪法学者。但遗憾的是他死于事故，上述论文成了他的遗稿。前述"科学性宪法学的诞生与终焉"与这篇"宪法学与马克思主义"，是站在现代的马克思主义法学立场对以铃木为代表的战前马克思主义宪法学进行批判性探讨的作品。顺便说一下，丛书第一卷第五章第一节"战后宪法学与马克思主义"(长谷川正安)是研究战后马克思主义宪法学的作品。

以上对本卷所收录的个别学说研究论文做了简单的介绍，除去长尾与奥平，其余全部是最为亲密的弟子对老师的学说进行的研究。当然这种方式的优点是从学说的最内部进行评价，也不可避免地存在效仿学说的理论内容、不会对它进行严格批判的缺点。但是在学说研究普遍贫乏的日本宪法学界，最重要的是对个别学说进行理论化整理，使学说的真意变得更加通俗易懂。从这个意义上来说，理论后继者的研究就显得尤为珍贵，因为它们可以充分成为学说研究的出发点。至少本卷收录的论文都是具有此种意义的作品,特别是关于现存的宪法学者的学说,包括其本人在内,期待着今后研究的进一步深化。

　　本卷抓住了日本宪法学说史的核心,虽说只追溯了一条主流,但无论今后宪法学说史研究怎样发展,收录于本卷中的各篇论文的价值应该是不会变的。由于篇幅限制,此处未能收录的论文,可查阅卷末的文献目录。关于外国的宪法学说研究,希望读者能够通过自身的努力把文献目录缺漏的地方补足。

图书在版编目(CIP)数据

　　日本宪法学的谱系/(日)长谷川正安著;熊红芝译.
—北京:商务印书馆,2021
　　(日本法译丛)
　　ISBN 978-7-100-19945-2

　　Ⅰ.①日… Ⅱ.①长…②熊… Ⅲ.①宪法－谱系－研究－日本　Ⅳ.①D931.31

　　中国版本图书馆 CIP 数据核字(2021)第 098921 号

权利保留,侵权必究。

日本法译丛
日本宪法学的谱系
[日]长谷川正安　著
熊红芝　译
王　勇　校订

商　务　印　书　馆　出　版
(北京王府井大街36号　邮政编码100710)
商　务　印　书　馆　发　行
北京艺辉伊航图文有限公司印刷
ISBN 978-7-100-19945-2

2021年8月第1版　　　　开本 710×1000　1/16
2021年8月北京第1次印刷　印张 13¼
定价:89.00元